Irgendwo scheint immer die Sonne

Mit Depressionen leben

April 2021

ISBN 9 783 753 416656

Depressionen – gerade in diesen Zeiten ein Problem

Liebe Leserin, lieber Leser.

Erst einmal möchte ich mich dafür bedanken, dass Sie sich für dieses Buch entschieden haben. Es soll Ihnen dabei helfen, die ersten Schritte zu unternehmen, um sich Ihrer Depressionen bewusst zu werden und Hilfe zu suchen.

Auch wenn man es nach außen hin nicht sieht: Jeder Mensch trägt in seinem inneren Sorgen und Probleme mit sich herum, die er hinter einer Fassade vor anderen verbirgt. Neben vorübergehenden schweren Phasen gibt es jedoch auch eine Krankheit, die vielen Menschen über Wochen, Monate und sogar Jahre hinweg das Leben schwer macht: Depressionen. Gerade in Zeiten von Corona sind noch mehr Menschen als sonst von einer Depression betroffen. Die Pandemie zwingt uns in die Isolation und nimmt uns vieles von dem, was wir für ein glückliches Leben brauchen: Soziale Kontakte, Austausch mit anderen, die Möglichkeit, auszugehen, zu Reisen, auf Veranstaltungen zu gehen, kurzum: das Leben zu genießen. Viele Pläne, die für Zuversicht und Freude standen, wurden zunichtegemacht. Doch viele Menschen hat es noch schlimmer getroffen: Ihnen wurden durch die Einschränkungen die Lebensgrundlage und damit jegliche Perspektive entzogen.

Bibliografische Information der Deutschen Nationalbibliothek:
Die Deutsche Nationalbibliothek verzeichnet diese Publikation in
der Deutschen Nationalbibliografie.
Detaillierte bibliografische Daten sind im Internet
über dnb.dnb.de abrufbar.

„Herstellung und Verlag: BoD – Books on Demand, Norderstedt".

ISBN 9 783 753 416656

Inhaltsverzeichnis

Was Sie wissen müssen

Die folgenden Informationen sind nicht von einem Arzt, Psychologen, Juristen oder Wissenschaftler verfasst worden. Sie dienen lediglich dem Zwecke der Aufklärung und Bildung.

Der Inhalt versteht sich nicht als Ersatz für eine psychologische, ärztliche, rechtliche oder soziale Beratung, Diagnose oder Behandlung. Holen Sie bei allen Fragen zum Thema „Depression" immer den Rat Ihres Hausarztes, Psychologen und anderen geschultem medizinischen oder psychologischen Fachpersonals ein.

Missachten Sie niemals professionellen, ärztlichen Rat und verschieben Sie keinen notwendigen Arztbesuch aufgrund von irgendetwas, das Sie gelesen haben.

Als Leserin und Leser dieses Ratgebers, möchten wir Sie ausdrücklich darauf hinweisen, dass keine Erfolgsgarantie oder Ähnliches gewährleistet werden kann. Auch kann keinerlei Verantwortung für jegliche Art von Folgen, die Ihnen oder anderen Lesern im Zusammenhang mit dem Inhalt dieses Buches entstehen, übernommen werden.

Der Leser ist für die aus diesem Buch resultierenden Ideen und Aktionen (Anwendungen) selbst verantwortlich.

Niemand kann sicher sein nicht auch einmal ein Betroffener zu sein.

Ich schreibe dies im besten Wissen und Gewissen auf. Es sind meine Erlebnisse, die ich niedergeschrieben habe und nicht irgendwas das ich mal gehört habe.

Wer zum Buch Fragen hat, kann gerne an diese Adresse schreiben.

lsf.hb.@t-online.de   Betreff: Hilde

Einleitung

Wer unter Depressionen leidet, weiß, wovon hier die Rede ist, alle Anderen werden dieses Buch schätzen, wenn er mit einer ähnlichen Situation konfrontiert ist oder einfach nur wissen möchte wie diese Krankheit entsteht.

Dieses Buch erhebt nicht den Anspruch oder erteilt gar eine Garantie, dass damit jede Depression überwunden werden kann. Aber es weist einen Ersten, schnellen, zielorientierten Weg in vielfältigen Hilfsangebote und professionellen Möglichkeiten: zum Beispiel in Beratungsstellen, Psychotherapien, Fachkrankenhäuser, zu Fachärzten, in ambulante wie stationäre Therapien.
Es eröffnet Chancen, aus dem Teufelskreis von Depressionen zu entkommen. Sie brauchen nicht mehr jahrelang in Depressionen verharren, bevor Sie den richtigen Ansprechpartner finden. Dieses Buch ist eine ERSTE HILFE effektive Wege raus aus einer Depression zu finden. Damit auch Sie endlich frei werden können, von Depressionen. Mit diesem Buch können Depressive schnell in die richtigen Hände und in eine erfolgreiche Therapie gelangen. Insofern ist dieses E-Book zielorientiert angelegt. Sie haben mit diesem E-Book einen starken Helfer an Ihrer Seite.

Es sind über vier Millionen Deutsche die ernsthaft unter akuten Depressionen leiden. Zwölftausend Selbstmorde jährlich – die hohe Dunkelziffer nicht mal eingerechnet – sind auf psychische Erkrankungen zurückzuführen. Seriöse Schätzungen des Gesundheitsministeriums gehen davon aus, dass gut zehn Millionen Menschen bis zum 65. Lebensjahr eine Depression bekommen. Depressionen sind mittlerweile zu einer Volkskrankheit geworden. Man schätzt den volkswirtschaftlichen Schaden durch Depressionen jährlich auf bis zu 30 Milliarden Euro durch Arbeitsausfall, Frühverrentung und

Behandlungskosten. Mehr als 200 Millionen Menschen weltweit leiden nach Schätzung der Weltgesundheitsorganisation (WHO) an Depressionen. Damit wird der immense Druck deutlich, der in unserer modernen Gesellschaft durch Depressionen besteht.
Das Thema ist wirklich sehr ernst zu nehmen.
Und jetzt kommt auch noch die Covid-19-Pandemie dazu.
Welche gesundheitlichen Auswirkungen das haben wird, ist noch überhaupt nicht abzuschätzen.
Ich denke, es ist dramatischer als das Coronavirus selbst.

Wie es bei mir begann

Ich nenne mich hier einfach Hilde, ich lebe mit dieser Krankheit seit 2006.

Auslöser? Ich weiß es nicht mehr, auf einmal waren sie da. Schleichend und ohne Vorwarnung.

Für eine Nervenwasserentnahme musste ich für eine Woche ins Kieler Universitätskrankenhaus. Da ging es los. Ich war ständig am Heulen und konnte mir nicht erklären warum. Ich kam nicht freiwillig aus dem Bett, wollte nur immer schlafen. Eine Ärztin hat es gespürt und mich darauf angesprochen. Nach einigen Folgegesprächen riet sie mir zu einem Medikament. Damit hörte die Heulerei auf, aber wirklich gut fühlte ich mich nicht damit. Wieder zu Hause waren die Probleme selbstverständlich dieselben. Der Ehemann trank bis zum Abwinken und ich war todunglücklich. Dazu der Beruf, Burnout und keinen dem ich meine Situation anvertrauen wollte. Für mich war es eine einzige Niederlage. Schließlich war ich wieder nicht in der Lage meinen Ehemann so glücklich zu machen, das alles Friede, Freude, Eierkuchen ist.

Zu diesem Zeitpunkt war nicht klar, dass das alles nicht allein die Ursache für mein Unwohlsein war.

Mein Kopf fühlte sich so dumpf an. Wahrscheinlich wegen der Tabletten.

Endlich machte ich einen Termin bei einer Neurologin.

Sie grub in den Gesprächen um einiges tiefer.

Ich erzählte:

Da war die erste Ehe mit einem nicht gerade arbeitswilligen Mann mit der Nicht-Bereitschaft sich um ein Baby zu kümmern, die Verantwortung zu übernehmen.

Es folgte die Scheidung, meine Begründung: wenn ich für den Lebensunterhalt sorgen muss brauche ich keinen Mann.

Dann lernte ich Ehemann Nr. 2 kennen. Was für eine Katastrophe. Saufen, schlagen, verzeihen, saufen schlagen verzeihen und das über 10 Jahre.

Den Mut mich zu trennen, **und das war mutig**, wurde ein Desaster.

Angst vor einer Attacke seinerseits, waren mein ständiger Begleiter.

Dann Ehemann Nr. 3. und wieder rein ins Fettnäpfchen aber mehr als Knietief.

Ohne es zu merken bin ich langsam aber sicher in die depressive Phase geschlittert. Das ist das Tückische an dieser Krankheit. Sie breitet sich aus wie ein Krebsgeschwür ohne körperliche schmerzen.

Jetzt war für mich das Ende der Fahnenstange erreicht.

Der Zusammenbruch kam unweigerlich und völlig überraschend und Grundlos bei einem gemütlichen

Wochenende mit meinem   Freund. Einweisung mit Notarzt
für eine Woche ins Krankenhaus.

Diagnose?????? Vegetative Dystonie??????????

Diese Störung im Nervensystem bringt das Gleichgewicht der
Körperfunktionen durcheinander, z. B. Blutdruck, Puls,
Atemfrequenz.

Mit diesem Ergebnis, Termin bei meiner Neurologin.

Frau Doktor war auf zack, nannte mein Befinden
psychosomatische Störung und machte umgehend einen
Antrag für eine Kur fertig.

6 Wochen Bad Gandersheim.

Die Einwohner dieses kleinen idyllischen Städtchens nannten
uns "liebevoll" die Hanutas, wie man mir später erzählte.

Äh, Hanutas?

„Jaha! Versteh doch, einen an der Waffel haben".

Okay, ich nahm es gelassen.

Was sind Depressionen

Genau genommen leiten sich Depressionen vom lateinischen Verb „deprimere" ab, was so viel heißt wie niederdrücken. Man ist also, wenn man Depressionen hat, psychisch niedergeschlagen.

Personen leiden unter Stimmungsschwankungen (Fachbegriff: Stimmungseinengung), können Freude oder Trauer kaum noch ausdrücken und sind auch durch guten Zuspruch nicht aufzuhellen. Affektive Störungen nennt der Nervenarzt das im Fachjargon und spricht dann von einer depressiven Episode oder einer rezidivierenden (=wiederkehrenden) depressiven Störung.

Bei einer Depression stellt man keine organischen Veränderungen wie ein Geschwür fest (Ausnahme in der moderneren Psychiatrie: Veränderungen im Gehirn, Messung von Gehirnströmen) oder nimmt chirurgische Eingriffe wie bei einer Gallenblasenentfernung vor. Deshalb kann man Depressionen nur anhand der von den Patienten geäußerten Symptome und deren Verlauf klassifizieren.

Man weiß also, wenn ein Mensch über einen längeren Zeitraum von mehreren Wochen antriebsschwach ist, Schlafstörungen hat, sich minderwertig fühlt und sich nicht mehr konzentrieren kann, dann liegen Depressionen nahe. So erstellt der Facharzt die Diagnose „Depression", die je nach Art der Symptome, etwa bis zu Suizidgedanken, in folgende klassische Stufen nach den 2006 festgelegten Versionen der Weltgesundheitsorganisation (WHO) aufgeteilt wird:

F32.0: Leichte depressive Episode: Der Patient fühlt sich krank und sucht ärztliche Hilfe, kann aber trotz Leistungseinbußen seinen beruflichen und privaten Pflichten noch gerecht werden, sofern es sich um Routine handelt.

F32.1: Mittelgradige depressive Episode: Berufliche oder häusliche Anforderungen können nicht mehr oder - bei Tagesschwankungen - nur noch zeitweilig bewältigt werden.

F32.2: Schwere depressive Episode ohne psychotische Symptome: Der Patient bedarf ständiger Betreuung. Eine Klinik-Behandlung wird notwendig, wenn das nicht gewährleistet ist.

F32.3: Schwere depressive Episode mit psychotischen Symptomen wie F.32.2, verbunden mit Wahngedanken, zum Beispiel absurden Schuldgefühlen, Krankheitsbefürchtungen, Verarmungswahn und andere.

F32.8: Sonstige depressive Episoden

F32.9: Depressive Episode, nicht näher bezeichnet

Warnzeichen?

Ein großes Problem ist der gesellschaftliche Umgang mit Depressionskranken. Das Thema wird vielfach immer noch tabuisiert. Betroffenen selbst fällt es schwer, mit anderen über ihre Krankheit zu reden. Das Verständnis für Depressionen in der Öffentlichkeit wird zwar mehr und mehr nicht zuletzt durch prominente Beispiele größer.

Dennoch ist es auch heute noch weitgehend ein Tabuthema. Man weiß nur schwer damit umzugehen. Wie behandelt man beispielsweise einen Depressiven am Arbeitsplatz? Was kann man ihm noch zumuten? Wie spreche ich ihn sozusagen „artgerecht" an, um nicht ins Fettnäpfchen zu treten beziehungsweise bei ihm einen akuten Depressionsschub auszulösen? Wann bricht die große Krise aus? Depressive können nämlich an einem Tag völlig normal sein und ihren Pflichten gewissenhaft nachkommen, während mit ihnen am nächsten Tag nichts anzufangen ist.

Eine Depression wird oberflächlich und im allgemeinen Sprachgebrauch mit Niedergeschlagenheit beschrieben. Man ist nicht gut gelaunt, kann sich weder großartig freuen, noch richtig traurig sein. Irgendwie ist man abwesend von dieser Welt. Depressive grübeln und können sich schließlich nicht mehr auf ihre Arbeit konzentrieren. Man fühlt sich dumpf, hohl, leer und ist antriebsschwach dazu. Will man einen Depressiven aufmuntern, gelingt einem das nicht. Depressive sind schwer ansprechbar. In schweren Fällen sind sie total lethargisch bis reizbar aggressiv. In diesem großen Spannungsbogen begegnen wir Depressionen.

Ein weiteres Problem besteht darin, Depressionen rechtzeitig treffend zu erkennen. Selbst schon von Depression Betroffene nehmen diese als solche nicht immer gleich war. So war es auch bei mir.

Vielfach wird an der Oberfläche, an den Symptomen behandelt. Bei Bauchschmerzen wird eine Magenspiegelung angeordnet. Bei Migräne gibt es Medikamente. Beklemmungen in der Brust werden in die Nähe eines Herzinfarktes geschoben. Rückenschmerzen werden mit Massagen und Spritzen behandelt.

Und überall wird ein teurer Diagnoseapparat mit Röntgenbildern und Ultraschall in Gang gesetzt, ohne aber an den Kern der Krankheit zu kommen. Das liegt natürlich auch an den Patienten selbst, die sich nicht ganzheitlich ihrem Arzt mitteilen.

Da steht dann nur das akute Problem Rücken beispielsweise im Vordergrund oder Schlafstörungen. So mancher wurde so schon von Tabletten abhängig, weil er jahrelang mit Schlafpillen behandelt wurde, anstatt mal an die Depression ran zugehen.

Viele Patienten sehen auch bei sich selbst nicht einmal eine Depression und ignorieren Teile ihrer Beschwerden, weil sie erst einmal akut versorgt werden wollen.

Ist Depression eine Krankheit?

Depression bedeutet nicht, einfach nur mal traurig zu sein. Depression ist eine Krankheit, die lebensbedrohlich sein, aber auch gut behandelt werden kann. Mittlerweile weiß man, dass ein gestörter Gehirnstoffwechsel dahintersteckt: Ein Mangel an bestimmten Gehirnbotenstoffen.

Bei allen Depressions--Betroffenen liegt eine Stoffwechselstörung im Gehirn vor. Depressive haben zu wenig Serotonin, Noradrenalin und ein paar andere Substanzen im Gehirn. Noradrenalin und Serotonin sind Botenstoffe (Neurotransmitter). Sie sorgen für den Informationsaustausch zwischen den Gehirnzellen (Neuronen). Hat man zu wenig von diesen Substanzen, dann sind Störungen beim Schlaf, Selbstwertgefühl, Antrieb, Denken und Stimmung die Folge.

Solche Störungen nennt man Depression.

Allerdings gehört ein weiteres Merkmal dazu, um sie als Depression zu klassifizieren:

Sie müssen über Wochen und Monate anhalten und können sich zudem dann noch verstärken.

Ferner gehört zur Diagnose Depression, dass sie den Betroffenen in seinem persönlichen oder beruflichen Umfeld beeinträchtigen müssen.

Deshalb ist eben auch eine leichte depressive Störung keine Befindlichkeitsstörung, sondern eine ernst zu nehmende Erkrankung, und eben die muss behandelt werden – **und zwar von Fachleuten!**

Der Mangel an Botenstoffen im Gehirn führt zu Hoffnungslosigkeit und Leistungsmängeln und allen anderen quälenden Symptomen. Mit verschiedenen Behandlungsformen wie zum Beispiel Antidepressiva, Ausdauertraining, Psychotherapie und Lichttherapie wird der gestörte Gehirnstoffwechsel wieder ins Gleichgewicht gebracht.

Die depressiven Symptome verschwinden nach und nach. In gesunden Zeiten ist ein Betroffener genauso leistungsfähig, belastbar und gesund, wie jeder andere Gesunde es auch ist.

Man hat festgestellt, dass Licht bei Depressionen eine große Rolle spielt. Nicht umsonst spricht man von der Winterdepression. Gerade in den dunklen, regnerischen Monaten verfallen viele Menschen in eine depressive Stimmung. Man nennt das dann eine saisonabhängige Depression (SAD). Die Wissenschaft hat längst nachgewiesen, dass Sonnenlicht oder helles Licht aus künstlichen Quellen die Konzentration von Serotonin deutlich steigert. Ein Lichtmangel stört die innere Uhr. Menschen im Schichtbetrieb oder auch der Jet-Lag bringen die innere Uhr aus dem Konzept – bis hin zur Depression.

Depressionen sind zudem auch vererbbar. Man hat nachgewiesen, dass derjenige anfälliger ist, an einer Depression zu erkranken, wenn in der Familie genetische Vorbelastungen sind oder waren. Es kann auch andere Gründe geben, warum der Stoffwechsel im Gehirn aus dem Ruder geraten ist,

Zum Beispiel:

- Eine Gehirnverletzung oder Gehirnerkrankung wie Entzündung und Tumor, Schilddrüsenerkrankung oder Schlaganfall

- Drogenmissbrauch

- Medikamenten-Nebenwirkungen

- Vergiftungen durch Formaldehyd, Schwermetallionen

- Oder organische Quecksilberverbindungen

- Geburt (Wochenbettdepressionen), Menstruation oder

- Klimakterium (Wechseljahre)

- Mangelernährung wie zu geringe Flüssigkeitszufuhr,

- zu wenig Vitamin B, Zink oder Magnesium.

Wie sehen die Symptome aus?

Die Symptome von Depressionen sind so bunt wie das Leben selbst. Sie sind oft verbunden mit Angst – auch Angst vor dem Leben und Angst vor Entscheidungen. Es gibt Menschen, die können sich ein Leben lang nicht entscheiden, etwa bisexuelle. Sie wandern zwischen den Geschlechtern hin und her und wissen nicht, was ihnen besser gefällt.

Sind sie mit Gleichgeschlechtlichen zusammen, fühlen sie sich spontan wieder zu Andersgeschlechtlichen hingezogen. Und sie leiden sehr darunter, dass sie sich nicht entscheiden können und ihren Platz im Leben finden. Sie wissen einfach nicht, was sie wollen. Haben sie gerade einmal eine Entscheidung getroffen, zweifeln sie einen Tag später schon wieder. Sie springen wie ein Tennisball durchs Leben. In ihrem Körper tobt ein Kampf zwischen Bauch und Kopf.

Diese Entschlusslosigkeit lähmt sie. Sie werden zu einem Gehetzten ihrer selbst. Sich nicht entscheiden zu können, ist eine der am schwierigsten zu behandelnden Formen der Depression.

Fachleute neigen dazu, diesen Zustand dadurch einzugrenzen und halbwegs erträglich zu gestalten, indem sie sagen: Solche Leute können halt nur in Projekten denken und leben. Kleine Schritte sind angesagt, um wenigstens etwas Boden wieder unter die Füße zu bekommen.

Vielleicht finden Entschlusslose so irgendwann wieder zu einem Halt im Leben überhaupt.

Depressionen können so weit gehen, dass man sich nichts mehr zutraut. Menschen mit Depressionen gehen nicht mehr unter Leute, scheuen Menschenansammlungen, Kaufhäuser und Aufzüge.

Depressive schleichen an Hauswänden entlang, an denen sie Halt suchen, ziehen sich vom Leben und ihren sozialen Kontakten zurück, vereinsamen und grübeln immer tiefer. Sie verlieren Vertrauen, dass sie nur wieder mühsam aufbauen können, wenn überhaupt.

Depressive sind in ihrem Antrieb gehemmt, haben Konzentrations-Schwächen oder Schlafstörungen. Unruhe, Denkhemmungen, übertriebene Sorgen um die Zukunft, ein Gefühl der Hoffnungslosigkeit, Minderwertigkeitskomplexe, Hilflosigkeit und Selbstisolation sind weitere Merkmale von Depressionen. Depressive wittern ernsthafte Erkrankungen dort, wo keine sind, und entwerten sich selbst bis hin zur Entwicklung von Schuldgefühlen.

Sie sind häufig müde. Ihnen fällt alles schwer, was leicht in ihrer Umgebung auch noch mit Faulheit abgetan wird. Sie kommen vollends aus dem Takt und schaffen oft einfachste Aufgaben nicht mehr.

Diese Schraube zieht einen unaufhaltsam nach unten.

Ob im Haushalt oder bei der eigenen Körperpflege, ob Einkäufe und die Organisation des täglichen Lebens, alles wird zur Last.

Depressive verwahrlosen und schaffen schließlich die Bewältigung beruflicher Aufgaben nicht mehr.

Der volkswirtschaftliche Schaden durch Depressionen ist immens hoch. Oft driften Depressive in die Frührente ab, sie können in den Arbeitsprozess nicht mehr weiter integriert werden. Schließlich ist nicht selten eine Depression auch mit dem Verlust der Sexualität verbunden, was den Teufelskreis vollends schließt.

Auch Schmerzen, Appetitlosigkeit oder Fresssucht sind typische Merkmale. Denn nicht selten sind Depressionen auch mit psychosomatischen Beschwerden verbunden:

Kopfschmerzen, Rückenbeschwerden, Herzbeklemmung, Migräne, Muskelschmerzen,

Verspannungen, Brechreiz, Magenschmerzen, Zittern, Kälte- oder Hitzewallungen und vieles mehr.

Symptome können aber auch ein plötzlicher wilder und blinder Aktionismus sein. Die krankhafte Angst bei

Depressiven kann leicht zu Selbstmordgedanken führen und nicht selten auch zu tatsächlichen Selbstmordversuchen.

Schwere Depressionen gehen einher mit Wahnvorstellungen: Man sieht plötzlich Gespenster oder wacht nachts auf und hört Stimmen oder sieht an der Decke irgendwelche Gestalten. Das kann ausufern bis hin zu einer Manie.

Oft sind solche Erscheinungen damit verbunden, dass Betroffene meinen, sie würden sich an etwas versündigen, würden verarmen oder bekommen hypochondrische Wahnideen, etwa an Krebs oder Aids erkrankt zu sein.

Die häufigsten Symptome

Fassen wir zusammen

- Schlafstörungen wie Einschlaf- oder Durchschlafprobleme, Schlaf ohne Erholungseffekt

- Hoffnungslosigkeit, Perspektivlosigkeit, keine Zukunft, kein Ausweg aus Problemen

- Gefühls- und Denkhemmungen, Blockaden, Kontaktschwierigkeiten

- Ständige Stimmungsschwankungen von tief betrübt bis hocherfreut

- Entschlusslosigkeit, Verlust von Kreativität und Ideen

- Verständnisprobleme, Schwierigkeiten in der Auffassungsgabe

- Ein Stimmungstief am Morgen aufhellen der Stimmung am Nachmittag und Abend

- Mühsame Konzentration bis hin zur Unkonzentriertheit

- Gefühl von Schuld

- Eingeschränkte Fähigkeit zu riechen, schmeckt, hören, sehen und fühlen, die Sinne sind beeinträchtigt

- Essstörungen zwischen Heißhunger und Appetitlosigkeit

- Angststörungen, Angst da, wo keine nötig ist

- Unkonzentriert

- Sinnlosigkeit in allem, die Sinnfrage schlechthin

- Sich selbst herabsetzen, abgewertetes Selbstwertgefühl, Selbstzweifel.

- Mangelnder Antrieb, keine Unternehmungslust, Inflexibilität.

- Verstärkte Reizbarkeit bis hin zur Aggressivität.

- Eingeschränkte Sinneswahrnehmungen bis hin zu Halluzinationen oder Gespenstern und Stimmen.

- Beschwerden wie Magenschmerzen, Rückenschmerzen, Verdauungsprobleme, Herz-/Kreislaufprobleme.

- Undefiniertes allgemeines körperliches Miss-empfinden.

- Verhaltensstörungen, leichte Reizbarkeit, Kontaktschwierigkeiten, Kommunikationsprobleme

- Probleme im zwischenmenschlichen Kontakten in der Familie, in der Freizeit oder im Beruf.

In sechs **verschiedene Klassifikationen** unterteilt der Fachmann grob auf den verschiedenen Ebenen des menschlichen Daseins den Symptomkomplex der Depression als Gefühl der Niedergeschlagenheit:

- **Emotional**: Trübsinn, Gefühl der Gefühllosigkeit
- **Motivational**: Entscheidungsunfähigkeit, Antriebsschwäche
- **Kognitiv**: Denkhemmung, Grübelneigung
- **Vegetativ-physiologisch**: Appetit-, Schlaf- und Verdauungsstörungen
- **Im Verhalten**: Apathisch oder rastlos, Angstzustände
- **Körperlich**: Konditionsschwäche, Rückenprobleme, Erschöpfung.

Der Verlauf der Erkrankung sowie der Schweregrad können sehr unterschiedlich ausgeprägt sein.

Weitere Aspekte der Krankheit:

1. Depressionen können mehrere Monate lang und sogar Jahre andauern, sie können aber auch unbehandelt nur Tage und Wochen andauern.

2. Folge von Depressionen ist ein dramatischer Verlust an Lebensqualität. Sie erhöhen auch das Risiko, an anderen Leiden zu erkranken.

3. Depressionen verschlechtern deutlich auch den Verlauf aller anderen Erkrankungen.

4. Depressionen schwächen das Immunsystem und erhöhen die Anfälligkeit für andere Erkrankungen.

5. Wer einmal an Depressionen erkrankt, muss damit rechnen, dass sie mehrmals im Leben wiederkehren.

6. Psychopharmaka dürfen nicht einfach abgesetzt werden!

Nur in Absprache mit dem Arzt.

Die Erfolgsquote der Heilbarkeit ist hoch, wenngleich die Anfälligkeit dafür bestehen bleibt.

Antidepressiva sind häufig das Mittel der ersten Wahl gegen Depressionen.

Schlafstörungen vor allem als Folge von Depressionen führen zu einem enormen jährlichen Schaden in Milliardenhöhe. Schwere weltweite Katastrophen wie in Tschernobyl, das der Challenger oder Exxon Valdez sind auf Schlafstörungen zurückzuführen gewesen. Die Zeitrhythmen der inneren Uhr wurden missachtet, und die Verantwortlichen waren ermattet oder eingeschlafen.

Der riskante Umgang mit unserer inneren Uhr ist in vollem Ernst immer noch nicht in unserer Gesellschaft angekommen.

Schichtarbeit und Jetlag können zu Depressionen führen.

Zusammenhänge zwischen Depressionen, Schlafverhalten und Stress werden immer noch allzu leicht unterschätzt.

Der Umgang mit Depressionen wird immer natürlicher und gewöhnlicher, weil die medizinische Aufklärung voranschreitet und wir ein steigendes Wissen über Depressionen bekommen.

Es gibt mittlerweile Verfahren, mit deren Hilfe man Stoffwechselstörungen im Gehirn sichtbar machen kann. Das bedeutet: Die organische Struktur einer Depression wird sichtbar. Das ist ein Meilenstein in der Forschung.

Mach den Test

Anhand der nun beschriebenen Symptome für Depressionen kann sich jeder selbst überprüfen. Beantworten Sie sich nachfolgende Fragen und werten Sie das Ergebnis gewissenhaft am Ende aus. Nehmen Sie dafür zwei Blätter Papier. Auf dem einen steht ein „Ja", auf dem anderen ein „Nein". Jedes Mal, wenn Sie mit Ja antworten, kommt das Ja-Blatt ein Strich. Antworten Sie mit Nein, folgt auf dem Nein-Blatt ein Strich.

Haben Sie mehr als siebenmal mit „Ja" geantwortet, sollten Sie zumindest das einmal mit Ihrem Hausarzt besprechen. Möglicherweise ist es eine beginnende depressive Episode, die ja an für sich noch nichts Schlimmes, geschweige denn eine Depression bedeuten muss. Unter Umständen kann der Arzt hier noch eine echte und tiefe Depression auffangen.

Haben Sie aber schon mit mehr als elfmal „Ja" geantwortet, dann ist die Wahrscheinlichkeit groß, dass Sie bereits an einer Depression leiden. Dann wird es höchste Zeit, über den Hausarzt zu einem neurologischen Facharzt zu kommen, der darüber entscheidet, was konkret zu tun ist.

Wenn Sie ein Drittel der Fragen mit „Ja" beantworten, dann empfehle ich Ihnen, dass Sie das Ihrem Hausarzt zumindest mitteilen und darüber reden.

Ich will nicht bange machen, es muss keine Depression sein, aber es kann.

Bei mehr als der Hälfte der Antworten mit „Ja" sind Sie sehr wahrscheinlich depressiv.

Dann empfehle ich Ihnen dringend professionelle Behandlung in Anspruch zu nehmen. Bitten Sie deshalb Ihren Hausarzt darum, Sie zu einem Nervenarzt zu überweisen. Denn nur der kann Ihnen Therapiestunden bei einem Psychotherapeuten verschreiben.

Und auch das ist nicht so einfach. Denn Sie brauchen zunächst die Zustimmung Ihrer Krankenkasse. Sie können leider nicht einfach zum Therapeuten rennen. Aber in der Regel wird der Sie auch aufnehmen, sofern er einen freien Platz hat, auch wenn das Verfahren bei der Kasse noch läuft.

Beantworten Sie sich diese Fragen, aber gewissenhaft:

- Besteht eine kurzzeitige Verstimmung oder hält meine Bedrückung schon länger an?

- Sind Sie öfter mal niedergeschlagen, hauen Sie Kleinigkeiten gleich aus der Bahn?

- Ist meine Leistungsfähigkeit bereits beeinträchtigt? Schaffe ich beispielsweise mein Arbeitspensum nicht mehr?

- Vernachlässige ich meinen Haushalt oder mich selbst? Gehe ich zum Beispiel unrasiert oder ungeschminkt öfter mal zur Arbeit? Dusche ich nur noch alle zwei/drei Tage? Ist meine Wohnung nicht mehr aufgeräumt oder geputzt?

- Vernachlässige ich Kontakte zu Freunden und Verwandten?

- Habe ich zu nichts mehr Lust und kann ich mich nicht mehr so recht freuen und begeistern?

- Bin ich plötzlich hyperaktiv und entwickle blinden Aktionismus?

- Habe ich schon Angst vor dem Aufstehen und komme morgens nicht aus dem Bett

- Leben Sie seit einiger Zeit sinnlos in den Tag hinein?

- Sind Sie in der letzten Zeit leicht reizbar und aggressiv?

- Wachen Sie nachts öfter mal auf und können Sie nicht durchschlafen? Fühlen Sie sich morgens nach dem Schlafen unausgeschlafen?

- Haben Sie öfter mal Rücken- oder Kopfschmerzen, Magenkrämpfe oder Durchfälle?

- Ziehen Sie sich in Ihre eigene Wohnung oder in ein Zimmer zurück und möchten sich am liebsten abkapseln?

- Trauen Sie sich nicht mehr in größere Menschenansammlungen oder Kaufhäuser und Aufzüge hinein?

- Befürchte ich einen finanziellen Einbruch oder schwere Krankheiten?

- Haben Sie öfter Schuldgefühle?

- Gehen Sie häufig mit Kleinigkeiten zum Arzt, oder sind Sie bereits ein Hypochonder?

- Hören Sie nachts Stimmen oder schrecken Sie nachts durch vermeintliche Bilder oder Gestalten im Zimmer auf?

- Schleiche ich an Hauswänden entlang und suchte Halt?

- Rede ich alles mies und kann mich über nichts mehr freuen?

Ist es vielleicht auch so das Sie in schlechten Phasen nicht zum Arzt wollen und wenn es Ihnen gut geht brauchen Sie doch nicht?

Ist das so? Dann sollten Sie wirklich nicht länger warten.

Sprechen wir über die Auslöser?

Wie es bei mir war, habe ich versucht zu beschreiben. Es waren viele negative Erlebnisse in vielen Jahren und immer wieder verdrängt. Heute weiß ich, dass es bei mir bis in die Kindheit reicht. Obwohl ich eine wirklich hervorragende Kindheit hatte, mit lieben Eltern.

Aber die Ursachen für den Auslöser einer Depression sind eben vielfältig. Wie beschrieben können es viele oder ein besonderes Trauma sein. Es könnte der **Verlust** eines nahen Angehörigen, des Partners sein.

Jeder Mensch braucht **Trauerbewältigung**, der eine mehr, der andere weniger. Auch das kann ein Auslöser sein.

Depressionen sind Zeichen von tiefen Lebenskrisen. **Ausgepowert** im Beruf, **Burnout**, eine **kaputte Beziehung** oder die **Sinnfrage des Lebens** überhaupt sind weitere Gründe. Manche Menschen haben im Leben früh viel erreicht. Für sie gibt es plötzlich kein Fortkommen mehr. Sie sind am Ende ihres beruflichen Aufstiegs, etwa Beamte, und sehen keine höheren Ziele mehr. Mit 40 schon das Ende der Fahnenstange zu erleben, wenn man gerade voll im Saft steht, ist nicht leicht zu verdauen. So kann man schnell in eine Sinnkrise abstürzen.

Unverarbeitete **Kindheitserinnerungen**, **Vergewaltigungen**, **Gewalt überhaupt** – alles dies kann Depressionen im späteren Leben auslösen.

Der Tod eines starken Vaters kann die Initialzündung sein. Die Tochter bricht in Bulimie (Fress-/Kotzsucht) aus. Die **Scheidung der Eltern** kann Kinder in eine Krise stürzen. Oft fühlen sie sich gar verantwortlich dafür und meinen, weil sie nicht „lieb" gewesen seien, trennten sich die Eltern.

Der Vater oder die Mutter sind **Alkoholiker, drogensüchtig**. Die Kinder fühlen sich vernachlässigt, werden gar geschlagen.

Das sind traumatische Erlebnisse, die nicht selten später in Depressionen enden. Oft sind es auch unverarbeitete Geschichten, die dann tiefenpsychologisch wieder aus gekramt werden, um sie dann zu verarbeiten.

Verhaltensstörungen gehören auch zu den Depressionen, etwa wenn jemand nicht mit Jähzorn und Aggressionen umgehen kann, Probleme in zwischenmenschlichen Beziehungen hat oder auch gleichgeschlechtlich liebt. Nicht selten leiden gerade homosexuelle oder bisexuelle Menschen unter Depressionen, weil sie ein Schattenleben führen.

Aber auch **Mobbing** am Arbeitsplatz kann Ursache für Depressionen sein. Depressiv können auch Frauen in den **Wechseljahren** werden, wenn sie ihre Fruchtbarkeit verlieren. Dann haben sie häufig das Gefühl, nicht mehr vollwertig zu sein.

Manche Frauen treibt das in den Wahnsinn bis hin zum Selbstmord. Der Hormonhaushalt der Frau ist durcheinander, und nicht selten muss mit Medikamenten gegengesteuert werden.

Aber es gehören immer mehrere Komponenten zusammen: der gestörte Stoffwechsel, eine erbliche Vorbelastung und/oder äußere Anstöße.

Wer hilft?

Doch wer hilft den vielen Depressiven? Hausärzte sind oft überfordert und erkennen viel zu spät das wahre Problem. Nur etwa die Hälfte der Depressionen wird beim Hausarzt festgestellt. Bis ein Depression-kranken in die richtigen professionellen Hände kommt, vergeht oft wertvolle Zeit, zumal dann, wenn die Betroffenen mit ihren Nöten nur schwer herausrücken.

Dazu kommt noch ein anderes Problem: Sie warten oft monatelang auf einen Therapieplatz und sind mit ihren Psychosen allein gelassen. Oft dauert es Monate, bis ein Depressiver therapiert werden kann. Nervenkliniken haben gleich lange Wartezeiten. Nur akut Selbstmord gefährdete Patienten kommen sofort in eine geschlossene Abteilung. Es gibt viel zu wenige Fachärzte, und die klagen auch noch über den fehlenden Nachwuchs. Denn die Ausbildung zum Psychiater ist ein langwieriger Prozess.

Was hilft?

Grundsätzlich gibt es zwei große Ansätze: die Psychotherapie **in Gesprächsform – einzeln oder in der Gruppe -** und **Antidepressiva** als Medikamente. Aber auch eine gezielte Lichttherapie kann hilfreich aus dem Loch der Depression heraus sein. Andere Ansätze liegen darin, auch im Schichtbetrieb den Biorhythmus stärker zu berücksichtigen, die innere Uhr nicht ständig auszuschalten, den Jetlag bei verantwortungsvollen Einsätzen stärker zu berücksichtigen.

Es gibt mittlerweile Großfirmen und Industriebetriebe im Schichtdienst, die diesen nun stärker dem Biorhythmus der Mitarbeiter angepasst haben und damit effektiver fahren. Das hat zwar mancherorts zu erheblichen Umstellungen bis hin zum Fünf-Schichten-System geführt, schlägt sich aber in der Gesundheit der Mitarbeiter nieder, die plötzlich deutlich weniger an Depressionen erkranken.

Wege zur Psychotherapie

Grundsätzlich vorab: Um eine Psychotherapie in Anspruch zu nehmen, bedarf es oft langer Wartezeiten. **Drei Monate** sind hier nicht unüblich. Deshalb sollte sich jeder Depressive erstens über seine Krankheit schnell Klarheit verschaffen.

(Ist man wirklich Depression – krank und braucht man professionelle Hilfe? – Siehe dazu auch Schnell-/Eigentest Seite 25) und zweitens so schnell wie möglich um einen Therapieplatz bemühen.

Ist man Privatpatient, geht es meistens schneller. Da haben die meisten Therapeuten immer Zeit und Gelegenheit, einen Patienten dazwischenzuschieben.

In jedem Fall: Erkundigen Sie sich bitte nach den aktuellen Sätzen bei Ihrer Krankenkasse und lassen Sie sich eine Quittung geben.

Ist man **privat stationär Zusatz-versichert,** kann man sich praktisch selbst in eine Fachklinik einweisen. Auch hier gilt: Privat geht fast immer sofort. Leider!

Wie bereits beschrieben ist der formale Weg zunächst über den Hausarzt zum Neurologen oder Psychiater. Es muss auf jeden Fall ein Facharzt sein. Psychotherapeuten sind in der Regel keine Ärzte, sondern Diplompsychologen, die zwar die Hauptarbeit mit dem Kranken leisten, aber keine Ärzte sind.

Auch kann nur der Facharzt Psychopharmaka wie Antidepressiva verschreiben.

Es gibt auch Nervenärzte, die therapieren. Die sind aber selten. Meist betreiben sie nur Krisenintervention. Sie müssen einen Nervenarzt schon gut kennen, wenn der Sie therapieren soll. In der Regel haben Sie hier einen Termin im Quartal, und der ist mit maximal 20 Minuten schon gut geplant.

Der Facharzt erstellt eine möglichst exakte Diagnose, damit der Psychotherapeut weiß, wo er in seiner Therapie ansetzen muss. In der Regel werden zunächst 20 bis 25 Sitzungen beim Therapeuten bei der Krankenkasse beantragt. Meistens erhält man etwa innerhalb einer Woche die Zusage. Es ist ein rein formaler Weg, der eigentlich nicht verweigert wird und werden kann.

Dann beginnt die Suche nach einem geeigneten Therapeuten, die auch schon vor der Zusage beginnen sollte. Meistens hilft einem der Facharzt dabei. Der richtige Therapeut ist das A und O. Man muss Vertrauen haben, denn man muss sich ihm weit öffnen (können). Es geht tief ins Detail, ins Intime, ins Persönliche. Wenn sich ein Depressiver nicht öffnet, nutzt die beste Therapie nichts. Gute Therapeuten „knacken" ihre Patienten relativ schnell. Denn nur so können sie gezielt weiterarbeiten.

Wenn ein schwuler Familienvater sich beispielsweise aus Scham nicht traut, dass seinem Psychologen anzuvertrauen, hilft die beste Therapie nichts. Wenn der beispielsweise nur dazu bereit ist, einen heterosexuellen Seitensprung innerhalb der Beziehung einzuräumen, dann therapiert er in die völlig falsche Richtung. Der Depressive muss also erstens überhaupt bereit zu einer Therapie sein und zweitens sich voll öffnen können. Dazu muss Vertrauen, ja geradezu ein Verhältnis zum Therapeuten aufgebaut werden. Deshalb ist der passende Therapeut so wichtig. Der Arzt kann eine grobe Richtung vorgeben, etwa die: Schickt er den Patienten zu einem Fachmann, der verhaltenstherapeutisch orientiert arbeitet, tiefenpsychologisch vorgeht oder Angstphobien zum Schwerpunkt hat.

Dann kommt es auch darauf an, ob man einen männlichen oder weiblichen Therapeuten empfiehlt. Wer schon sowieso Probleme mit starken Frauen hat, sollte eher einen männlichen Therapeuten wählen und umgekehrt. Wer eine Vergewaltigung zu verarbeiten hat, ist besser bei einer Frau aufgehoben. Dann kommt es noch darauf an, ob jemand vielleicht einen strafrechtlichen, kriminellen Hintergrund hat, etwa drogenabhängig ist, geklaut hat oder pädophil veranlagt ist, der sollte tunlichst jemanden suchen, der Erfahrung vielleicht im Jugendknast oder generell mit strafrechtlichen Fällen hat. Oft resultieren Depressionen auch aus Beziehungsproblemen. Dann ist es ratsam, einen Paar-Therapeuten zu wählen, der vielleicht später auch den Partner mit ins Boot holt. Traumata nach Schwangerschaftsabbrüchen, Probleme in den Wechseljahren, Angstphobien, Arbeitsplatz- oder Mobbing-Probleme – nicht jeder Therapeut ist für jeden Fall gleich gut.

Erkundigen Sie sich in einem Erstgespräch nach dem Profil des Psychologen ganz genau. Schaffen Sie sich einen ersten Eindruck. Nicht umsonst sind die ersten fünf Sitzungen eine reine Testphase. Sie dürfen aussteigen, wenn es nun gar nicht passt. Die Chemie muss stimmen, sonst wird es nichts. Sie müssen es mit Ihrem Therapeuten können. So mancher Depressive wechselt auch den Psychologen, weil er nun gar nicht klarkommt, manchmal wird es leider auch zum Irrweg.

Eine Sitzung beim Therapeuten dauert i.d.R. 45 Minuten. Man muss konsequent die Termine einhalten, weil sie heiß begehrt sind. Oft wartet man vier bis zwölf Wochen auf seinen ersten Termin. Wer den Termin nicht rechtzeitig absagt, muss ihn aus der eigenen Tasche bezahlen, und das kann 70 bis 100 Euro kosten.

Es gibt klare Vereinbarungen mit dem Psychologen, manchmal auch in Form von Verträgen. Etwa Selbstmordgefährdete müssen unterschreiben, dass sie sich während der Therapie nichts antun, sonst wird sie selbst beim Versuch sofort abgebrochen. So müssen Magersüchtige beispielsweise auch unterschreiben, dass sie nicht unter ein bestimmtes, festgelegtes Gewicht rutschen, sonst ist die Therapie zu Ende.

Eine Therapie hat klare Strukturen. Das, was man vom Vater der Psychotherapie, Freud, kennt, gibt es heute kaum. Man liegt nicht auf der Couch, sondern sitzt allenfalls auf ihr. Die Atmosphäre ist meist behaglich, warme gedämpfte Farben, anregende Bilder, ein angenehmes Ambiente sollen für eine lockere Gesprächssituation sorgen, in der es sich leichter reden lässt. Der Therapeut gibt Anstöße, will aber möglichst was von Ihnen erfahren. In den ersten Sitzungen muss er sich natürlich ein Bild von Ihnen verschaffen, um zu wissen, wo er ansetzen muss. Im weiteren Verlauf kommen natürlich die Auslöser und Ursachen der Depression auf den Tisch.

Ziel ist es, die Mechanismen zu knacken, die zu den Verstimmungen führen.

Mobbing-Kandidaten etwa werden fit gemacht für den alltäglichen Kampf am Arbeitsplatz bis hin zum Arbeitsplatzwechsel oder einer Gesprächsmoderation in der Firma. So soll Ihre Situation entkrampft werden. Natürlich steht die langfristige Verbesserung im Vordergrund. Beziehungsprobleme werden analysiert, unter Umständen auch der Partner zu einem Paar Gespräch eingeladen. Angstzustände sind zu erforschen, um die Ursachen dafür zu finden. In jeder Psychotherapie geht darum, den Depressionen auslösenden Faktor zu knacken, ihn zu erkennen – auch für den Patienten, und geeignete Gegenwehr zu trainieren. Oft werden in der Therapie auch Situationen gespielt, um Modelle zu entwickeln.

Mit 20 oder 25 Sitzungen ist es häufig nicht getan. Oft schließt sich eine zweite und dritte Periode an. Meist hat man zwei bis maximal drei Sitzungen pro Woche, am Ende vielleicht noch eine. Dann geht es aber vermehrt darum, eine Erfolgskontrolle zu starten. Manchmal kommt der Psychologe auch erst nach 30 oder 50 Terminen an den Patienten richtig ran. Auch in der Therapie gibt es ein Auf und Ab. Man ist nicht immer gleich gut drauf. So wie Depressionen mal heftiger und mal schwächer sind, ist der Verlauf auch in der Therapie.

Erst wenn der Patient gefestigt genug für den Alltag erscheint, ist er auch wieder voll arbeitsfähig. In stationären Therapien in entsprechenden Fachkliniken ist auch das Pflegepersonal so geschult, dass es therapeutisch unterstützend eingreift. Beispiel: Jemand, der Schwierigkeiten hat, mit einem Aufzug zu fahren, trainiert das dann mit einem Pfleger. Man nennt es Stresstest.

Der Patient wird kontrolliertem Stress ausgesetzt und kann abbrechen, wenn er es nicht mehr aushält. Mit solchen Portionen will man ihn an ein möglichst normales Alltagsleben wieder heranführen. Oder diejenige, die sich nicht mehr in einen Supermarkt traut, geht mit der Krankenschwester ins Kaufhaus und besorgt Dinge des täglichen Lebens in Begleitung, bis der Patient am Ende ganz alleine losgeschickt wird. Solche praktischen Übungen kann sich ein Psychologe natürlich nicht leisten. In eine Fachklinik kommen allerdings auch nur die schwereren Fälle.

Leider wird das Prinzip der Einzeltherapie in unserer Gesellschaft immer weniger von den Krankenkassen und Rentenversicherungen gefördert. Aber es macht auch Sinn. Unser modernes Leben basiert auf Gemeinschaft: am Arbeitsplatz, in der Familie, in der Nachbarschaft, im Freundeskreis, in Vereine und eigentlich überall. Insofern sollen Probleme und auch Depressionen in Gemeinschaft gelöst werden. Gruppentherapie steht im Vordergrund. In jeder Gruppe treffen wir auf einen Querschnitt der Gesellschaft.

Probleme, die im täglichen Zusammenleben auftreten, werden über kurz oder lang auch in der Gruppe passieren und gemeinsam zu lösen zu sein. Dafür ist als Moderator der

Psychologe in der Gruppe. Er hat in der Regel rund zehn Patienten um sich herum. Er greift ein, wenn es zu heftig wird, er stößt die Teilnehmer auf Mechanismen und Lösungsansätze, bringt die Diskussion in Gang oder wirft ein Thema in die Runde. Meist geht es um aktuelle Befindlichkeiten. Da wir alle Individuen mit unserem eigenen Kopf und auch den eigenen Manieren, Verhaltensmustern und Reaktionen sind, wird man schnell in der Gruppe auf ein breites Spektrum, ja immer auch auf den gesellschaftlichen Querschnitt stoßen. Gruppe bedeutet immer auch Konflikte wie sie am Arbeitsplatz und im zwischenmenschlichen Zusammenleben passieren.

Aber Gruppe bedeutet leider auch, dass so mancher mit seinen Problemen verschlossen bleibt, weil er sie allenfalls seinem Therapeuten gegenüber mitteilen kann. Wer outet sich schon gern als Schwuler oder Lesbe in der Gruppe, mit der er vielleicht noch drei oder sechs Wochen lang zusammenleben muss? Wer gibt in der Gruppe schon gern zu, dass er gewalttätig ist und seine Frau oder Kinder geschlagen hat?

Vertrauen

Das Prinzip der Vertraulichkeit ist oberstes Gebot in der Psychotherapie.

Sowohl im Einzelgespräch wie in der Gruppensitzung gilt: Was besprochen wurde, geht nicht an Dritte. Der Patient selbst legt vorher fest, wer den Abschlussbericht bekommt, der

Nervenarzt oder der Hausarzt oder wer auch immer. Selbst die Krankenkasse bekommt nur einen verkürzten Report, wenn es um die Beantragung weiterer Termine geht. Will die Kasse mehr wissen, weil etwa die 250. Sitzung genehmigt werden soll, geht ein ausführlicherer Bericht nur vertraulich an den ärztlichen Dienst der Kasse. So soll verhindert werden, dass etwa der Arbeitgeber tiefere Einblicke in die Psyche seiner Mitarbeiter bekommt und das möglicherweise bei Beförderungen oder Kündigungen still im Hinterkopf hat.

Wer längere Zeit in einer Nervenklinik stationär behandelt wurde, sollte dringend eine Anschlusstherapie beantragen.

Regelaufenthalte liegen bei sechs Wochen, nicht selten bleiben Patienten aber acht bis zwölf Wochen im Durchschnitt in der Klinik. Da sollte schon während seines stationären Aufenthalts eine ambulante Weiterbehandlung in die Wege geleitet werden. Dabei unterstützen einen auch die Klinik-Fachleute. Mit der Entlassung aus der Klinik ist es oft nicht getan. Je nachdem wie stark ausgeprägt die Depressionen waren, ist eine weitere Betreuung notwendig, vielleicht einmal wöchentlich bei einem Psychologen vor Ort. Manchmal reichen auch Abstände von 14 Tagen. Es gibt allerdings auch Patienten, die bis neun Monate und länger in der Klinik bleiben. In der Regel werden bis zu drei Monate von der Krankenkasse bewilligt, danach nur mit besonderem Antrag des behandelnden Arztes verlängert.

Medikamente

Antidepressiva/Psychopharmaka

Es gibt mittlerweile sehr gute, moderne Psychopharmaka, sogenannte „Antidepressiva". Diese Medikamente setzen überwiegend da an, wo der Stoffwechsel der Gehirnbotenstoffe aus dem Ruder gegangen ist. Antidepressiva verbessern also wieder den Stoffwechsel und treten quasi an die Stelle von Neurotransmittern, spielen also Botenstoffe im Gehirn. Sie sorgen wieder für ausreichend Serotonin, Noradrenalin und ein paar anderen Substanzen im Gehirn und deren ungehinderten Fluss zwischen den Nervenzellen.

Antidepressiva entfalten ihre volle Wirkung in etwa drei Wochen. Erst dann kann der Facharzt treffend beurteilen, ob das ausgewählte Medikament „state of the art" ist, also das derzeitige Optimum für den Patienten. Psychopharmaka nimmt man i.d.R. bis zu zwei Jahre lang. Danach kann man versuchen, es langsam wieder aus-schleichen zu lassen und abzusetzen. Manchmal müssen aber Betroffene auch lebenslang mit Antidepressiva leben.

Es gibt unterschiedliche Medikamente für die verschiedenen Symptome, etwa solche, die die Angst nehmen oder die erheblichen Stimmungsschwankungen auf ein gleichbleibendes Level heben. Es gibt auch solche, die gleichzeitig das Ein- und Durchschlafen fördern. Antidepressiva können auch als Retard-Tabletten verordnet werden, die den Wirkstoff über den ganzen Tag verteilen und so für gleichbleibende Stimmung sorgen.

Antidepressiva haben aber immer auch Nebenwirkungen. So gibt es solche, die gleichzeitig den Appetit anregen, was wiederum für Übergewichtige problematisch wäre.

Vor allem aber muss sich der Arzt an die richtige Wirkstoffmenge herantasten, und das ist ambulant recht schwierig.

Antidepressiva entfalten etwa nach drei Wochen erst ihre volle Wirkung. Deshalb wird der Patient im Idealfall während einer stationären Behandlung optimal eingestellt. Es sind so viele Punkte zu beachten. Ist der Patient Diabetiker, dann muss man eine Wechselwirkung mit anderen Medikamenten wie etwa Insulin berücksichtigen.

Hat der Depressive gar noch Gewichtsprobleme, so muss der verordnende Arzt auf eine Stoffklasse von Antidepressiva ausweichen, die das Gewicht nicht in Mitleidenschaft zieht.

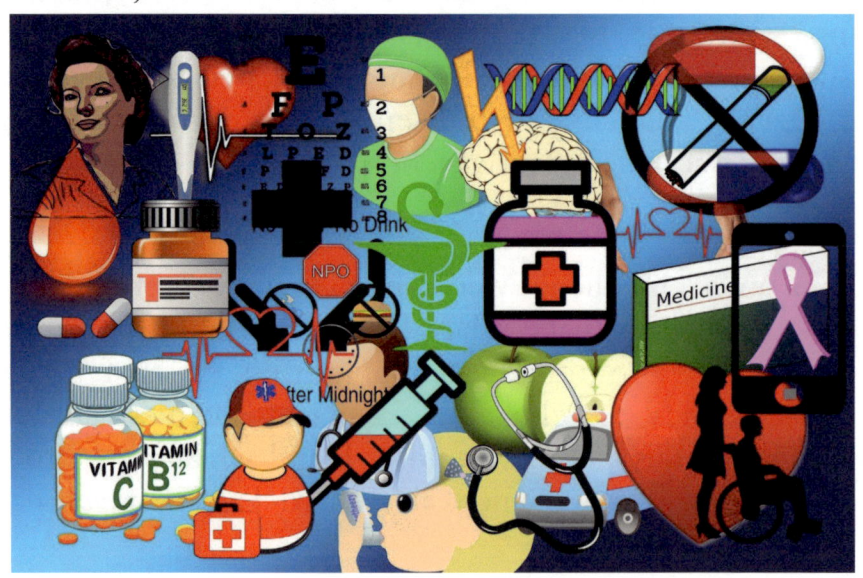

Leidet der Depressive zudem unter Bluthochdruck, kann ebenfalls eine Wechselwirkung zwischen Blutdruck senkenden Betablockern und Antidepressiva auftreten.

Besteht neben der Depression auch noch eine Angst-Symptomatik, so muss mit zusätzlichen Präparaten eingegriffen werden.

Akutversorgung?

Bei schweren Depressionen, die mit **Selbstmordgedanken** einhergehen, gibt es für jede Stadt oder jeden Landkreis eine Akutversorgung, meist in Landeskrankenhäusern. Das klingt zunächst einmal schrecklich, ist aber eine hilfreiche Einrichtung.

Akut-Kliniken nehmen selbstmordgefährdete depressive sofort auf, in der Regel in eine geschlossene Abteilung. Das heißt, man ist erst mal mindestens für eine Nacht weggesperrt. Die Abteilung ist verschlossen, und man kommt nicht raus. Ist man freiwillig drin, was man zuvor unterschreiben muss, etwa um sich vor sich selbst zu schützen, kann man natürlich auf eigenes Verlangen auch wieder raus. Normalerweise verlässt man die „Geschlossene" nach der ersten Stabilisierung wieder und wird auf eine Normalabteilung stationär verlegt.

Die geschlossene Abteilung kann aber so weit gehen, dass man sogar ans Bett gefesselt wird. „Fixierung" nennt man das im Sprachgebrauch. Das passiert, wenn sich Depressive die Pulsadern aufschneiden, mit spitzen Gegenständen selbst verletzen, bei Randalieren oder Gewalttätigen. Oft landen hier auch solche Patienten, die unter Alkoholkonsum andere verletzt haben oder ganz allgemein gesprochen „außer Kontrolle" geraten sind. Es gibt ja Wahnpatienten, die auf andere losgehen oder sich plötzlich als Messias oder Kaiser von China sehen und völlig „durchdrehen".

Oft ist hier auch die Entscheidung: Knast oder Klinik? Wer im Suff randaliert und andere mit dem Messer bedroht, wird als Psychopath eingestuft. Er kann in die Ausnüchterungszelle der Polizei oder in die geschlossene Abteilung einer Nervenklinik eingeliefert werden. Oft fahren Einsatzwagen der Polizei bei solchen Fachkliniken vor. Oder wenn es um häusliche Gewalt geht, muss der Angreifer erst einmal weggesperrt werden. Meist steckt eine unverarbeitete Depression dahinter.

Deshalb werden solche Betroffene anschließend psychotherapeutisch behandelt. Drogenabhängige, die mit der Nadel in der Vene angetroffen werden, brauchen ein Spezialkrankenhaus. Sie landen erst einmal in der Nervenklinik, die natürlich auch eine Abteilung für Drogenabhängige hat. Wer in die „Geschlossene" kommt, wird vom Grund auf erst mal gefilzt. Auch Tablettensüchtige, die versucht haben, sich das Leben zu nehmen. Alle Taschen werden ausgepackt, um nach versteckten Drogen oder Tabletten zu suchen.

Übrigens, eine Folge von Depression ist auch Tablettensucht, etwa nach Schlaftabletten oder Drogenersatz – oder umgekehrt: Tablettensucht treibt in die Depression. Alles hat seine Ursachen.

In die „Geschlossene"?

Man spricht oft abgekürzt von der „Geschlossenen". Gemeint ist damit die geschlossene Abteilung einer Landesklinik, eines psychiatrischen Landeskrankenhauses oder einer Nervenklinik. Meist auf Zeit werden hier Patienten untergebracht, um sie entweder vor sich selbst oder sie vor anderen zu schützen.

I. d. R. geht eine solche Einweisung mit einem richterlichen Beschluss einher. Ein Vormundschaftsgericht entscheidet dann auf Zeit oder aber auch auf Dauer eine solche Einweisung. Meist hängt es vom Gutachten der Klinik ab, ob oder wann der Patient wieder frei oder offen betreut leben kann.

Oft geht es auch darum, finanzielle Dinge zu regeln, beispielsweise zu verhindern, dass der Patient unnötig sein Geld verschleudert oder Verträge eingeht, die er gar nicht bezahlen kann. Manche Depressive starten nämlich in unsinnige Frust Käufe, haben 100 Paare Schuhe zu Hause stehen und entwickeln regelrecht Kaufsucht nach bestimmten Artikeln.

So kann auch die Kleptomanie, die Klau sucht, eine Komponente von Depressionen sein, vor die es die Patienten zu schützen gilt. Es mussten schon Patienten einfach weggesperrt werden, weil sie sich um Haus und Hof brachten.

Sie hatten noch Kreditkarten und gingen damit völlig unverantwortlich um. Auch Spielsucht kann ein Auswurf von unverarbeiteten Depressionen sein. Solche Kandidaten muss man letztendlich vor sich selbst schützen, indem man sie zunächst für Casinos und Spielbanken sowie Geldautomaten aller Art in ihrer Umgebung sperren lässt.

Manchmal müssen sie aber, weil sie sehr trickreich arbeiten, auch erst einmal auf der geschlossenen Abteilung einer Fachklinik untergebracht werden. Manchmal werden Depressive auch nach einer Straftat zunächst mal auf Zeit weggesperrt, bis eine Entscheidung in der Hauptsache gefällt ist.

Auch Sexualstraftäter oder rechtskräftig verurteilte Sexualmörder werden weggesperrt, allerdings in spezielle forensische Kliniken, oft mit Sicherungsverwahrung.

Das sind Gefängniskliniken, aus denen entsprechend Verurteilte nie mehr freikommen. Sie werden hier zwar auch therapiert, aber meistens erfolglos beziehungsweise mit dem Ergebnis, dass ihre Bedrohung für die Allgemeinheit auf Lebenszeit bestehen bleibt.

Tagesklinik

In der psychiatrischen Versorgung gibt es auch sogenannte Tageskliniken. Tagsüber sind depressive und andere – vor allem Patienten mit Angstphobie – in der Klinik und gestalten ihren Alltag im Übergang zum Normalleben unter professioneller Anleitung. Nachts schlafen sie zu Hause. So soll der Wechsel von der rein stationären Akutversorgung erleichtert werden, bis ein völlig selbstbestimmtes Leben wieder alleine möglich ist. In Tagesklinik wird der Alltag wieder probiert. Man kocht gemeinsam, kauft ein und gestaltet den Tag, wird dabei von Psychologen betreut.

Einen Cocktail bitte!

Wie auch beim Bluthochdruck wird die Depression deshalb oft mit einem ganzen Medikamenten-Cocktail behandelt. In einer Nerven- oder psychosomatischen Klinik ist immer auch ein Internist mit dabei, der genau auf diese Dinge achtet. Man muss den Patienten insgesamt betrachten, auch mit seinen Vorerkrankungen oder sonstigen akuten Leiden.

Beim Bluthochdruck setzt man oft auch solche Medikamente ein, die die Nieren und hier vor allem ihre Membranen gleichzeitig schützen. Ähnlich ist es auch bei der Depression, wenn zusätzlich Schlafprobleme und Angstzustände angegangen werden sollen. Man versucht also gleich mit mehreren Präparaten, das Problem optimal in den Griff zu bekommen.

Manchmal passiert es während eines Klinikaufenthalts auch, dass ein Medikament wieder abgesetzt wird, weil es sich gerade für die Problematik des Patienten als nicht wirksam genug erwiesen hat. Dann muss eine andere Stoffklasse eingesetzt und probiert werden. Das kann den Aufenthalt wieder verlängern. Denn die Patienten sollen ja optimal eingestellt nach Hause gehen.

Das muss neben der psychischen Stabilisierung erreicht sein. Sonst macht der ganze Aufenthalt keinen Sinn. Die Frage der passenden Medikamente ist nur schwer zu lösen. Oft ist es ein Probieren und Herantasten. Auf jeden Fall sind Kliniken näher dran, weil sie täglich in unterschiedlichen Fällen verschiedene Stoffklassen einsetzen und in einer Supervision sich ständig gegenseitig selbst überprüfen. In einem größeren Kreis von Fachärzten bei oft Hunderten von Patienten hat man einen größeren Erfahrungsschatz als der einzeln praktizierende Nervenarzt.

Man sollte bei ambulanter Therapie auch darauf achten, ob sich der Arzt fortbildet und irgendeinem Verband angehört. Dann ist nämlich auch gewährleistet, dass er auf dem neuesten Stand der wissenschaftlichen Forschung ist und einen Überblick über Medikamente der neuen Generation hat. Es schadet auch nichts, wenn man sich über ein verordnetes Medikament selbst noch im Internet oder allein schon über den Beipackzettel informiert. Es ist auch ratsam, mit dem Hausarzt über verordnete und eingenommene Antidepressiva zu reden, damit er das mit der sonstigen Medikation abgleicht.

Null Alkohol und kein Auto!

Bei fast allen Antidepressiva wie Psychopharmaka gilt: Alkohol und Tabletten sind absolutes Tabu. So enthalten fast alle Beipackzettel folgende Warnhinweise: keinen Alkohol und keine aktive Teilnahme am Straßenverkehr. Hochprozentiges verändert die Wirkung von Psychopharmaka, und sie beeinträchtigt die Konzentration beim Auto- oder Moped fahren. Deshalb gilt bei stationären Aufenthalten in psychosomatischen und Nervenkliniken ein striktes Alkoholverbot. Das Fahren mit dem eigenen sowie mit fremden Autos wird strikt untersagt.

Wer unter Antidepressiva einen Unfall baut, trägt zumindest einen Teil der Schuld und zahlt mit. Bei einem stationären Aufenthalt soll man tunlichst seinen Wagen zu Hause lassen, um erst gar nicht in Versuchung zu kommen. Im begründeten Verdacht, etwa wenn der Patient bei der Aufnahme angegeben hat, hin und wieder mit dem Alkohol Probleme zu haben, werden in der Klinik Alkoholkontrollen angeordnet. Fliegt ein Patient beim Pusten in Röhrchen auf, bedeutet dass in der Regel den Abbruch der Therapie.

Was ist Lichttherapie?

Licht spielt für die Bildung von Serotonin und Noradrenalin im Gehirn eine wichtige Rolle. Das sind die alles entscheidenden Botenstoffe, die die Informationen zwischen den Nervenzellen in unserem Gehirn weitergeben. Sie sorgen also für gute oder schlechte Stimmung. Man kann heute wissenschaftlich nachweisen, dass Depressive zu wenig Serotonin und Noradrenalin an den entscheidenden Stellen im Gehirn haben. Bei ihnen ist der Austausch zwischen den Nervenzellen gestört. Sonne und Licht fördern die Bildung von Serotonin. Im Winter, wenn die Tage kürzer werden, der Himmel öfter bewölkt ist und es viel regnet, dann drückt das auf unsere Stimmung.

Man spricht von der Winterdepression oder der saisonalen Depression.

Menschen, die darunter leiden, fahren dann entweder in andere Breitengrade, wo Sommer ist, oder füllen die natürliche Lücke künstlich auf, und begeben sich ganz bewusst in eine Lichttherapie.

Das kann professionell mit einer richtig dosierten Menge künstlichen Lichtes geschehen oder einfach nur zu Hause, indem man gut ausgeleuchtete Räume auch während der dunklen Jahreszeit hat und seinem Körper so künstlich Licht zuführt. Denn auch künstliches Licht fördert die Serotonin-Produktion im Körper. Als begleitende und unterstützende Maßnahme ist eine Lichttherapie sicher sinnvoll. Reden Sie mit Ihrem Arzt darüber.

Aber nur Lichttherapie heilt Ihre Depression sicher nicht.

Homöopathie bei Depression?

Homöopathische Mittel können allenfalls Symptome von Depressionen zu lindern helfen. Die kleinen Kügelchen heilen aber selbst keine Depressionen. Flankierend sind sie aber nützlich auf dem Weg raus aus den Depressionen. Denn sie können beispielsweise Kopfschmerzen, Schlafstörungen oder Rückenprobleme lindern. Wenn man die Symptome von Depressionen angeht, bekämpft man auch die Depression selbst.

Fischöl kann der Psyche helfen

Was hat eigentlich Fischöl mit Depression zu tun? Eine ganze Menge! Die konzentrierte Gabe von Omega-3-Fettsäuren (Fischöl) soll angeblich bei Hochrisiko-Patienten den Ausbruch einer Psychose und damit eine akute Depression verhindern. Eine Studie mit 41 Probanden hat das ergeben. Zwölf Wochen lang haben die Probanden täglich Kapseln mit 1,2 Gramm Eicosapentaensäure und Docosahexaensäure zu sich genommen. Nur zwei von ihnen erkrankten an Schizophrenie, in der sogenannten fettfreien Kontrollgruppe dagegen elf. In fetten Seefisch wie Makrele und Lachs finden sich zum Beispiel natürliche Omega-3-Fettsäuren, die auch gegen allerlei weitere Gebrechen wie das „Trockene Auge" bei Diabetikern gut eingesetzt werden können.

Entspannung und Depression

Manchmal ist es gut, in kleinen Schritten ein Problem anzugehen. Man muss nicht immer gleich mit der Kanone auf Spatzen schießen. Und manchmal ist die Problematik so umfassend, dass sie nur „Step-bei-Step" zu lösen ist. So ist die Entspannung auf jeden Fall ein Schritt weg von der Depression. Da gibt es die unterschiedlichsten Methoden.

Nicht jeder schlägt auf die klassische Jacobsen-Methode (Anspannung – Entspannung, = positive Muskelreflexion) an.

Oder nicht jeder beherrscht autogenes Training).

Der eine entspannt hervorragend in einem heißen Bad mit entsprechenden Zusätzen wie Lavendel oder Melisse. Ein anderer entspannt perfekt bei leiser oder meditativer Musik. So muss jeder seinen Entspannungsweg selbst suchen, um damit ein Stück weit weg von seiner Depression zu kommen.

Mit Bewegung Depressionen abbauen?

Ein bedeutungsvoller Punkt in der Depressionsbekämpfung ist die Bewegung. Durch Bewegung schafft man sich beispielsweise Aggressionen vom Hals, baut man Frust ab und bewältigt besser einen stressigen Tag. Deshalb steht auch viel Bewegung auf dem Programm eines stationären Aufenthalts in einer Nervenklinik. Einerseits dient sie der Beweglichkeit des ganzen Körpers und baut Symptomen von Depressionen wie Rückenschmerzen, Kopfschmerz und Magenverstimmungen vor. Andererseits regt Bewegung den Stoffwechsel – auch im Gehirn – an. Bewegung sorgt so für positive Grundstimmung. Insofern ist Bewegung jeder Art eine gute Vorbeugemaßnahme gegen beginnende Depressionen.

Gegen Depression antanzen?

Immer häufiger wird Tanzen als Mittel der Therapie in Nervenkliniken mit angeboten. Mit Tanzen verfolgt man dabei zweierlei Zweck: Zum einen bewegen sich die Patienten, und das einmal anders zu Musik, die man mag. Aber zum anderen lernen depressive Patienten auch wieder, in Kontakt zu Mitmenschen zu treten, sie anzufassen, sie zu berühren und mit ihnen gemeinsam Tanzschritte zu gehen. Nicht umsonst spricht man auch von der Tanztherapie. Ängstliche Patienten werden wieder mutig, scheue Menschen kommen aus sich heraus, und so werden erfolgreich die Symptome von Depression abgebaut.

Theater-Therapie?

In psychosomatischen Kliniken wird zum Teil auch Mitmachtheater eingesetzt, um Patienten aus ihrer Isolation beziehungsweise aus ihrer Kommunikations-Blockade abzuholen. Das geht aber nur mit erfahrenen Machern oder Theater-Therapeuten. Es werden bestimmte Situationen vorgegeben, und spontan können sich Patienten in die jeweilige Szene selbst einbinden. Der Hintergedanke dabei ist, sie anschließend zu fragen: Warum wolltest Du jetzt unbedingt die Katze sein oder den Baum spielen oder den Zirkusdirektor, Dompteur oder was auch immer? Die Theater-Szene gleichermaßen als Depressions-Interpret, um näher an die Patienten, an ihre Probleme an Ihr Ich heranzukommen.

Singen macht glücklich

Seitdem man herausgefunden hat, dass Singen und Musik glücklich machen, kann es auch als Bestandteil von Therapien gegen Depressionen mit eingesetzt werden. Glücklich zu sein, ist der erste Ansatz, aus seinem Depressionstief wieder herauszufinden. Wer singt, hat Mut und macht es mit Begeisterung. Singen macht Freude und schafft Freunde. Oder haben Sie schon mal einen unglücklich singenden Menschen gesehen? Wer sich also während einer Therapie bewusst entschieden hat mitzusingen, der hat schon einen entscheidenden Schritt getan.

Von dort aus kann man weiterarbeiten und an den Kern seiner Depression gelangen und diese zielorientiert bearbeiten.

Selbsthilfegruppen

Überhaupt sind Selbsthilfegruppen eine gute Unterstützung. Vielleicht nicht für jeden, aber ausgetestet sollte man haben, bevor sich dagegen entschieden wird. Mit Gleichgesinnten, bzw. Betroffenen zu sprechen ist eine gute Sache und erleichtert die Seele. Wenn es mit der einen Auswahl nicht so harmoniert, kann es mit der Nächsten schon perfekt sein. Ich spreche da aus eigener Erfahrung. Oft möchte man, kann aber nicht über seinen Schatten, weil die Hemmungen zu groß sind. Hat man sich aber schon das eine oder andere Mal gesehen, verlieren sich meist auch die Hemmungen.

In jeder Stadt gibt es auch Selbsthilfegruppen mit Depressions-Problematik. Manchmal haben solche Gruppen Angst als Schwerpunkt. Manchmal Schmerzen oder Schlafstörungen. Entweder, man macht in irgendeiner Depressions-Selbsthilfegruppe mit, oder man sucht sich gezielt seine spezielle Problematik aus. Fragen Sie Ihren Facharzt nach solchen Selbsthilfegruppen.

Auch städtische Beratungsstellen oder kirchlich-karitative Organisationen können mitunter weiterhelfen. Aus den Problemen anderer und wie die damit umgegangen sind, kann man eine Menge lernen. Das ist Lebenserfahrung, und aus den vielen Beispielen anderer Betroffener kann man relativ gut eigene Wege ableiten.

Beratungsstellen

Fast alle größeren Städte haben auch psychische, psychosoziale und Psycho-sexuelle Beratungsstellen. Denn oft ist mit der Depression sozialer Abstieg, Arbeitslosigkeit, Wohnungssuche oder auch Schwangerschaftsberatung verbunden. Ob misshandelte Frauen in Frauenhäusern, Opfer von Vergewaltigung oder Arbeitslose, sie alle haben oft auch ein psychisches Problem und brauchen Unterstützung. Ob ein junges Mädchen – ungewollt schwanger – ihre Schwangerschaft abbricht oder nicht, hat häufig auch eine Depression zur Folge. Junge Arbeitslose trauen sich nichts mehr zu und werden depressiv oder gleiten gar in die Gewaltbereitschaft ab. Wie oft „verordnen" Richter heute ein Anti-Aggressionstraining. Für all diese Probleme bieten Kommunen wie kirchlich-karitative Träger Beratungsstellen an.

Der erfolgversprechendste Weg raus aus einer Depression ist ein stationärer Aufenthalt in einer Nervenklinik. Hier wird der Betroffene unter Aufsicht auf die richtigen Antidepressiva eingestellt. Und durch die ganzheitliche Sichtweise und Behandlung erfährt der Depressive eine optimale Betreuung.

Nicht immer ist jedoch so schnell ein Platz frei. Oft warten Betroffene monatelang. In dieser Zeit sollte ein psychisch Kranker zuerst seinen Hausarzt aufsuchen und das Kind klar beim Namen nennen. Vielleicht kann der Hausarzt auch schon mit einer medikamentösen Erst- oder Notversorgung beginnen. Von dort aus wird der geeignete Facharzt gesucht, und in der Zwischenzeit kann die Depression in Selbsthilfegruppen abgefedert werden. Fatal wäre es, wenn Depressive monatelang -betreuungslos blieben.

Bei aller stationärer, medikamentöser und Betreuungstherapie: Der Depressive braucht neue Perspektiven, Ziele und Lebensinhalte. Wenn er sich nicht neue Aufgaben sucht, dann bleibt eine Therapie und dann bleiben Antidepressiva immer Makulatur. Die Ursachen der Depression müssen aus dem Weg geräumt werden, sonst flammt das psychische Problem irgendwann wieder auf. Bestehende „Baustellen" räumen, neue Aufgaben suchen, dem Leben wieder Inhalt geben, einen Arzt aufsuchen, der einem evtl. das passende Antidepressivum für eine gewisse Zeit verschreibt, dann ist die Krankheit Depression auch heilbar.

Tagesablauf in der Fachklinik

Um die Angst vor der Psychiatrie oder - etwas weniger beängstigend gesagt - Nervenklinik zu nehmen, soll ein typischer Tagesablauf für einen depressiven Patienten geschildert werden.

Bevor überhaupt das Programm in der Nervenklinik beginnen kann, findet ein ausführliches Aufnahmegespräch statt. Man hat in der Regel ein paar spezifische Unterlagen dabei, die das individuelle Krankheitsbild sowie die aktuelle Medikation beschreiben. Das Erstgespräch dient zur Einsortierung des Patienten in den Klinikalltag.

Steckt man ihn eher in die „Angst-Abteilung" oder doch besser in die „Depressions-Gruppe"? Welchem behandelnden Arzt oder welcher Ärztin übergibt man ihn? Ist er privat versichert und findet deshalb noch ein Gespräch mit dem Chefarzt statt? Welche begleitenden Anwendungen wie Massagen, Krankengymnastik oder Arbeitstherapie werden noch verordnet? Da ausreichende Bewegung gegen Depressionen eine große Rolle spielt, gibt es hier zahlreiche Angebote von Nordic Walking über Fahrradfahren bis Wandern. Müssen zusätzliche internistische Untersuchungen das weitere Krankheitsbild abklären? Dann folgt auf jeden Fall obligatorisch eine Blutentnahme, um den aktuellen Gesundheitszustand zu bestimmen. Der Patient wird sodann körperlich auf seine Reflexe hin untersucht. Magen, Galle, Leber und Nieren werden abgetastet.

Es findet also eine medizinische Grunduntersuchung statt. Klagt der Patient über Herzbeschwerden oder Rückenschmerzen, folgen in der Regel zusätzliche Röntgen-, Ultraschall oder MRT-Untersuchungen – insbesondere des Kopfes, wenn Schwindel, Migräne oder neurologische Beschwerden eine Rolle spielen. Am Ende steht auf jeden Fall der Behandlungsplan, den jeder Patient als seinen persönlichen Tages-, Wochen- oder Monatsplan in die Hand gedrückt bekommt – sozusagen der Stundenplan. Dieser Plan ist bei allen Anwendungen und Terminen mitzunehmen. Die einzelnen erbrachten Leistungen werden später vom Klinikpersonal abgezeichnet und dienen am Ende als Beleg über die Gesamtheit der Therapie.

In der Regel sind Patienten in Zwei-Bett-Zimmern untergebracht (Privatpatienten in Einzelzimmern). Ähnlich wie im Krankenhaus werden sie morgens gegen sieben Uhr geweckt. Eine Frühgymnastik vor dem Frühstück kann von ärztlicher Seite angeordnet sein, aber auch auf freiwilliger Basis wahrgenommen werden. An manchen Tagen einmal pro Woche steht vor dem Frühstück die Gewichtskontrolle auf dem Programm. Dazu begibt man sich ins Schwestern- oder Untersuchungszimmer. In der Regel gehört die Blutdruckkontrolle auch mit dazu.

Wer Diabetes hat, für den kommt ein Blutzuckertest hinzu und manchmal auch ein Blutzucker-Tagesprofil. Zum Frühstück begibt man sich in einen Gemeinschaftsraum, wo sich meistens am Buffet die Patienten selber versorgen. Übergewichtige bekommen ihre Rationen zugeteilt, denn eine Diätküche gehört in solchen Krankenhäusern mit zum Programm. Für solche Patienten, die zudem auf ihr Gewicht achten müssen, werden auch eigens Kochkurse angeboten.

Depressive sollen während eines stationären Aufenthalts auch den Zugang zur eigenen Kreativität wiederentdecken, indem über die Ergotherapie zahlreiche Möglichkeiten angeboten werden: Seidenmalerei, Aquarelle, Ölbilder, Töpferarbeiten, Figuren aus Speckstein, Holz-Mobile oder Pin- und Schlüsselwände aus Kork oder Holz. Erfahrene Therapeuten vermitteln die Techniken und helfen bei der Umsetzung. Zu manchen Jahreszeiten wird Plätzchen backen oder die Herstellung von Pralinen angeboten. Autorenlesungen, Konzerte und Fachvorträge runden das Programm ab. Viele Angebote basieren auf Freiwilligkeit, und es kommt ganz entscheidend auf Motivation und Antrieb des Patienten an, was er während seines Klinikaufenthalts mitnimmt.

Dann beginnt das Programm, das von Patient zu Patient recht unterschiedlich aussehen kann. Der eine fängt in einer Sportgruppe oder Seniorengymnastik vormittags an. Ein anderer startet mit Fango und Massage oder Krankengymnastik. Dazu werden Bäder wie in einer ganz normalen Kur auch verordnet: zur Entspannung, Vitalisierung oder Ölbäder bei trockener Haut. Wichtig im Tages- und Wochenplan sind die Therapiegespräche in Gruppen und beim zugeteilten Therapeuten. Sie dauern in der Regel 45 Minuten und finden mindestens zweimal pro Woche statt.

Wer aufgrund aktueller Krisen einen zusätzlichen Gesprächsbedarf hat, kann die Notfallsprechstunde aufsuchen. Mindestens einmal pro Woche trifft man seinen behandelnden Assistenz- oder Oberarzt, und mindestens einmal pro Woche findet die Arztvisite statt, in der sich der Ober- oder Chefarzt über den augenblicklichen Zustand des Patienten und über die Entwicklung in der Klinik im Kreis der behandelnden Ärzte, Therapeuten und des Pflegepersonals informiert. Das Ganze dient einem runden, verlässlichen Bild über den Patienten.

Ziel ist es, dass der Depressive nicht an unterschiedlichen Stellen verschiedene Krankheitsverläufe und Therapieziele abgibt. Deshalb findet auch die wöchentliche Supervision im Kreis aller Therapierenden einschließlich Masseuren und Arbeitstherapeuten statt. Nur so ist ein verlässliches Gesamtbild über den Patienten möglich und daraus resultierend ein erfolgreicher Therapieansatz.

Auf dem Programm von Nervenkliniken stehen zunehmend auch Bewerbungstraining und Wiedereingliederung in den Arbeitsmarkt. Eigene Werkstätten sollen Arbeitslose und Langzeitarbeitslose wieder an einen normalen Arbeitsrhythmus und Arbeitsalltag heranführen. Aber auch der Erhalt von Restarbeitsfähigkeit etwa bei Schwerbehinderten steht neben dem Wecken von Kreativität in den ergotherapeutischen Einrichtungen der Kliniken auf dem Programm. Da werden Körbe gebastelt, mit Holz und Speckstein allerlei Nützliches fabriziert, Vogelhäuschen gebaut, um vielleicht auch bei dem einen oder anderen Patienten ganz neue Fähigkeiten zu wecken.

Vor allem aber ist die Ergotherapie auch ein sehr nützliches Mittel für Depressive und psychisch Kranke überhaupt, sich mit ihren Problemen zu öffnen. So manche misshandelte Frau ist erst über den Weg der Ergotherapie aus sich herausgekommen. Kinder, die beispielsweise nur dunkle Bilder malen oder Gitter, Gefängnisse oder monströse Gestalten, sind in der Regel Opfer von Misshandlungen oder Vergewaltigungen gewesen, über die sie nicht reden können.

Der weitaus wichtigste Punkt eines stationären Aufenthalts in einer Fachklinik sind die Therapiegespräche mit Ärzten und Psychologen. Hier bestimmt der Patient weitgehend selbst, wie schnell er seine Depression angehen will. Wer sich hier verschließt, gilt manchmal auch als nicht Therapierbar. Solche Fälle gibt es leider auch. Aber in der Regel sind die Therapeuten erfahren genug, Vorbehalte abzubauen oder gemeinsam mit dem Betroffenen über Brücken zu gehen. Manchmal stimmt auch die Chemie zwischen Patient und Therapeut nicht.

Dann wird man gemeinsam Wege finden, entweder einen anderen Betreuer zu suchen oder den Patienten in eine andere Gruppe zu geben oder aber die Therapie vom Psychologen auf den Arzt zu verlagern. Eine Therapie ist immer auch eine Entwicklung, die je nach Fall an Fahrt und Dynamik gewinnt oder abflacht.

Eine Therapie ist manchmal auch das Spiegelbild der Depression selbst: mit Auf und Ab, Durchbrüchen und Stillstand, Niedergeschlagenheit und Unzufriedenheit wie auch Hochgefühl und Lösungsstimmung. Erst wenn sich die

Festigung verdichtet, dann steuert man auf das Ende des stationären Aufenthalts zu.

Es gibt selbstverständlich auch Patienten, die schnell einen Klinikaufenthalt abbrechen und nach einer Woche wieder die Einrichtung verlassen. In der Regel basiert die Behandlung von Depression auf Freiwilligkeit, es sei denn, der Patient leidet unter so starken Depressionen, dass er bereits eine Gefahr für sich und die Allgemeinheit darstellt. Leider können Patienten erst zwangsweise eingewiesen werden, wenn wirklich etwas Gravierendes wie eine schwere Schlägerei unter Wahnvorstellungen passiert ist oder der Patient extrem leicht reizbar ist und bei Kleinigkeiten ausrastet.

Manchmal wird während des Klinikaufenthalts auch der Internetzugang eingeschränkt – bis hin zum Einzug des eigenen Laptops mit mobilem Internet. Man will so erreichen, dass die Patienten in der Klinik wirklich erst einmal richtig ankommen. Sie sollen nicht etwa ihre Arbeit fortsetzen oder gar durch einen intensiven E-Mail-Verkehr weiterhin mit ihrer depressiven Problematik konfrontiert werden. Sie sollen zur Ruhe kommen. Hin und wieder ist es aber auch so, dass Patienten schon Internet-süchtig sind, und allein deswegen vor dem Internet geschützt werden müssen.

Neben den Einzelgesprächen treten immer stärker Gruppengespräche in den Vordergrund. Vom Prinzip her sollen sich mehrere Teilnehmer – etwa 10 bis 15 – in einer

Gruppe zurechtfinden. Ein Therapeut leitet die etwa ein bis anderthalbstündige Sitzung ein- bis zweimal pro Woche, steuert sie ein wenig, stößt die Gespräche an. Jede Gruppe ist in etwa Spiegelbild unserer Gesellschaft.

Die Teilnehmer haben meist alle eines gemeinsam: Sie leiden unter Depressionen, haben aber teils recht unterschiedliche Symptome. Manche sind verhaltensgestört, andere verschlossen, aggressiv oder emotional instabil. In der Gruppe geht es auf und ab, manchmal auch drunter und drüber. Da wird geweint und gelacht, getobt und geschrien. Manche halten das nicht aus und verlassen die Sitzung, andere versuchen, das Heft an sich zu ziehen oder fallen mit Extrem-Meinungen auf.

Und dann kommt in der Gruppe noch das Beziehungsproblem hinzu. Der eine kann es mit dem anderen besonders gut, während sich zwei weitere nun überhaupt nicht grün sind. Nicht selten finden sich in Therapien auch neue Liebschaften, ja Beziehungen. Gruppe ist so etwas wie Selbsthilfe. Man lässt die Teilnehmer mit ihren unterschiedlichen Problemen aufeinander zugehen und dabei sich selbst helfen, ja therapieren. Nicht der Profi gibt hier den Ton an, sondern die Lebenserfahrung, ein bereits durchgemachtes Schicksal, die Erfahrung, wie man sein Ding verarbeitet hat. Das hilft mitunter mehr als ein Therapeuten-Gespräch. Gruppe begünstigt Mutige, die mit ihrer Problematik ins Gefecht gehen. Wer seine Probleme auf den Tisch legt, hat die Chance, von anderen Gruppenteilnehmern

Tipps und Ratschläge zu bekommen, aber auch kritisiert zu werden.

Natürlich kann auch die Angst überwiegen, von den anderen zerrupft zu werden oder Tratsch Thema in der Klinik zu sein, was eigentlich nicht passieren darf, denn Gruppe ist Topsecret. Nichts darf raus, doch die Wenigsten halten sich daran – leider. Wer aus der Gruppe seinen Nutzen ziehen will, geht schnell und offen mit seinen Problemen um.

Im Zweifel sagt man sich immer:

Spätestens nach Ende der Therapie sehe ich niemanden mehr wieder. Man nutzt mit der Gruppe ein weiteres Instrument stationärer Depressionsbewältigung, indem man gewissermaßen den Erfahrungsschatz anderer gleich mit abschöpft und den anwesenden Therapeuten obendrein noch für sich mit einspannt. So kommt man schneller weiter und vergeudet nicht Wochen nutzlos, weil man schmollend in irgendeiner Ecke sitzen bleibt und sich nur das Gerede seiner Mitpatienten anhört oder über diese ab-lästert.

In der Gruppe muss man sich arrangieren, Kompromisse eingehen, Verbündete suchen. Und in der Gruppe bleibt man nicht auf Dauer schweigsam. Früher oder später erwischt es jeden. Dann greift man eher ungewollt ein – und ist plötzlich mittendrin. So holt fast jede Gruppe alle Teilnehmer irgendwann doch ins Boot. Patienten lernen, sich auch unter Menschen zu bewegen und sich mitzuteilen. Das ist ein wichtiger Punkt, um Depressionen zu erkennen, zu bearbeiten und letztlich abzubauen.

In den ersten 14 Tagen eines stationären Aufenthalts bleibt man in der Klinik und darf auch nicht an Wochenenden nach Hause zu seinen Verwandten oder zu seiner Familie. Erst danach kann man über „Heimaturlaub an Wochenenden" reden. Manchmal ist der Patient noch nicht reif dazu, manchmal aber ist es auch Teil der Therapie, den Patienten bewusst wieder in die Familie zu schicken, um Aufgaben zu lösen. Manchmal ist Auslöser von Depression in der Familie zu suchen, etwa bei Partnerschaftsproblemen. Dann ist der Schritt nach Hause während einer stationären Therapie nichts anderes als ein Stresstest.

Es gibt Patienten, die brechen die Reise nach Hause auf halbem Weg wieder ab oder kommen nach nur ein paar Stunden wieder in die Klinik zurück. Sie haben es einfach noch nicht geschafft und brauchen noch etwas mehr Zeit und Therapie. Solche Treffen können auch ganz in die Hose gehen, etwa wenn häusliche Konflikte die Auslöser von Depressionen waren und schnell wieder aufkeimen. Partnerschaftsprobleme, Eltern-Kind-Konflikte oder ungelöste Arbeitslosigkeit sowie Schuldenprobleme können Ursachen sein.

Während der Therapie wird gegen Ende auch der normale Alltag wieder geübt. So müssen etwa Angstpatienten zunächst in Begleitung wieder einkaufen gehen und danach kleinere Jobs für die Pflegestation alleine erledigen. Patienten, die keinen Aufzug mehr aus Angst betreten, lernen das in

Begleitung langsam wieder und werden mehr und mehr einem Stresstest ausgesetzt, bis sie es allein wieder schaffen.

Von der Klinik aus werden auch soziale Angelegenheiten geregelt. Denn solche Probleme führen häufig in die Depression.

Ein eigener Sozialdienst redet mit Renten- und Krankenversicherungen, klärt Hartz IV-Ansprüche, stellt Anträge, telefoniert, kümmert sich um neue Wohnungen, hilft bei Bewerbungen und Vorstellungsgesprächen, klärt Gerichtstermine, berät bei anstehenden Scheidungen, hilft gegen Pfändungen und leitet zur Not auch ein Insolvenzverfahren ein. Nervenkliniken sind somit heutzutage immer mehr Rundum Versorgung und sehen den Depressiven ganzheitlich, also mit seinem kompletten Sorgen-Paket. Ziel ist es, auch depressive wieder in Gesellschaft und Arbeitsprozess zu integrieren.

Während des Klinikaufenthalts werden sämtliche Medikamente von der Klinik bereitgestellt. Manche Kliniken händigen Tagesdosierungen aus, die der Patient sich dann selbst zu den Mahlzeiten einteilt. Andere Einrichtungen geben jeweils die Medikamente zum Essen aus. Die Pillen zur Nacht holt man sich ab einer bestimmten Zeit dann auf der Station ab. Patienten mit extremen Schlafstörungen oder Angstzuständen haben in der Hinterhand des Pflegepersonals vom Arzt verordnet immer noch eine ergänzende Reserve-Medikation. Im Notfall wird der diensthabende Arzt gerufen, der je nach Bedarf weitergehende Medikamente verabreicht. Sämtliche eigenen Medikamente müssen die Patienten bei der Aufnahme abgeben. Man darf keine eigenen Medikamente mehr zu sich nehmen, bekommt sie aber am Ende des Aufenthalts wieder ausgehändigt.

Da stationäre Aufenthalte zur Bekämpfung von Depressionen in der Regel sechs Wochen und länger dauern, haben solche Kliniken auch eigene Patientenwaschmaschinen, Trockner und Bügeleisen meist zur freien Benutzung. Darüber hinaus gibt es Spielesammlungen und Büchereien, Fernsehräume und Cafés, sodass genügend Abwechslung im Klinikalltag herrscht. Und dann gibt es im Klinikalltag noch jede Menge Zeit, um sich untereinander selbst über Probleme, Depression, Angst und Symptome auszutauschen. So gesehen ist eine Nervenklinik auch eine riesige Selbsthilfegruppe auf Zeit.

Denn ob man nun will oder nicht, man ist ständig von Mitpatienten umgeben, die auch unter Depressionen leiden. Entweder mag man einige davon und unterhält sich mit ihnen, oder man geht ihnen aus dem Weg. Manchmal kann man unbequemen Zeitgenossen nicht aus dem Weg gehen, weil sie einem am Tisch im Speisesaal gegenübersitzen oder zufällig in der gleichen Gruppe sind. Der Zwang, sich zu arrangieren, ist dabei auch ein Mittel der Therapie, mit Depressionen klarzukommen – und eine große Chance, Ängste abzubauen.

Insofern kann man eigentlich einen stationären Fachklinikaufenthalt als ideal bezeichnen, wenn man seine Depressionen zuverlässig und langfristig in den Griff bekommen will. Dagegen kommt auch der beste Therapeut nicht an, weil der nur begrenzte zeitliche Kapazitäten hat. Das, was eine Nervenklinik zu bieten hat, ist so breit gefächert und intensiv, dass besser eine Depression nicht versorgt werden kann – natürlich immer auch in Kombination mit Medikamenten, die ja während der Einzeltherapie auch verabreicht werden.

Darüber hinaus kann jeder Patient während seines stationären Aufenthalts auch von sich aus weitere Leistungen der Klinik wie Spezialuntersuchungen oder Entspannungsangebote in Anspruch nehmen. Ob Gehirnstrommessung, Migräne Behandlung, fernöstliche Entspannungstechniken wie Thai Chi oder Chi Gong, Akupunktur oder autogenes Training, wer für sich das Optimale gegen seine Depressionen herausholen will, muss selbst die Initiative ergreifen. Das ist der Dreh- und Angelpunkt einer stationären Therapie, weil man meistens antriebsschwach und lethargisch eingeliefert wird. Hier gilt es, schnell umzudenken. Wer sich ohnehin für einen Klinikaufenthalt entschieden hat, sollte sich schnellstmöglich auch ganz darauf einlassen.

Nur mit Perspektive schafft es der Depressive dauerhaft und wirklich aus seiner Krankheit heraus. Was nutzen der beste Therapeut und das modernste Antidepressivum, wenn die Probleme als Angstauslöser bleiben?

Sprich darüber,

Selbsthilfegruppen

Familie

Freunde

Kirche

Arzt,

das ist das allerwichtigste!

Mein persönliches Tagebuch

Diese Depression gehört mir allein

Erkennen behandeln – damit (gut) leben

Ein Kur-Tagebuch aus erster Hand.

Der Termin stand und die Anfahrt dank Navi verlief reibungslos. Sogar einen Parkplatz vor dem Sanatorium bekommen.

Ich muss vorweg einmal zugeben, dass ich dieser Kur zwiespältig gegenüber war. Einerseits war mir klar, es musste was mit mir passieren damit ich nicht untergehe. Andererseits war der Teufel auf meiner linken Schulter der ständig reinquatschte wie sinnlos das alles sein wird.

Wie angeschlagen ich wirklich war, war mir nicht so bewusst. Ein Gefühl, das sich auch noch verstärkte, nachdem ich andere Leid-genossen kennengelernt hatte.

Aber zurück zum Anfang.

An der Rezeption bekam ich Zimmerschlüssel, musste zur Krankenschwester zwecks Aufnahme, dann Mittagessen.

Ziemlich fertig, hing ich wie ein Schluck Wasser im Foyer im gemütlichen Sessel und lernte Anna kennen. Zusammen machen wir einen Rundgang durch die kleine Stadt und inspizierten die "Einkaufsmeile". In der Kapelle und auch in der Kirche zünden wir Kerzen an. Das sollte doch helfen?

War schön, aber jetzt musste das restliche Gepäck erst mal in den 10. Stock in mein Zimmer, das ich erst nach einem minutenlangen Irrläufer gefunden hab.

Am 30.10.   draußen 5 Grad

Nachdem ich, wie in der ersten Nacht woanders schlafen, fast nicht geschlafen habe, stehe ich mit dicken Augen auf. Ich brauche Kaffee!

Das erste Gespräch mit Frau Wintersteiner wühlt mich sehr auf und beweist mir wie dünn mein Fell ist. Sie spürt es wohl und bohrt nicht weiter.

Terminplan soll es morgen geben.

Zu Mittag gab es Kartoffeln mit Zaziki-Quark. Für mich perfekt!

Der 31. 10.

Tiefer geschlafen. 7 Uhr Frühstück
10 Uhr Informationen und ein Rundgang im Haus.
13 Uhr Information über gesundes Essen, was ich sehr interessant fand.
Mittagessen: Schweinebraten mit Bohnen. Lecker!
Ich war dann allein bummeln. Eigentlich war ich sowieso lieber allein.
Nach dem Abendessen habe ich den Fernsehraum aufgesucht, auch ziemlich allein.

1.11.

Draußen wird es Winter.
Durchgeschlafen.
Hatte meinen kleinen Reisewasserkocher im Gepäck und mir gestern löslichen Kaffee nebst Becher gekauft. So gönne ich mir den erst mal, was eigentlich nicht erlaubt war.
Zum Frühstück machte ich mir Mettbrötchen, Gestern beim Schlachter besorgt und auf der Fensterbank kalt gehalten.
Was selbstverständlich auch nicht erlaubt war.
Inzwischen ist es etwas wärmer draußen und ich gehe fast 2 Stunden spazieren.
Gleich gibt es Mittagessen. Zerkochte Gemüsesuppe, lauwarm mit Fleischeinlage.
Nachmittags ins 32 Grad warme Solebad, wunderbar.

3X Positiv = Telefon mit Willi, das Schwimmen und ich hatte die Fernbedienung.

2.11.
6 Grad, keine Sonne
Mit dem Gefühl eine Dampfwalze geküsst zu haben gehe ich zum Frühstück.
Ohne Fahrstuhl wieder nach Oben. 216 Stufen, 10. Etage, und ein ewig langer Flur, so erreiche ich mein Zimmer.
Tel. mit Willi hebt die Stimmung. Ich trinke den selbst aufgegossenen Kaffee, zur furchtbaren Musik.
Warum hatte ich bloß meinen kleinen Fernseher nicht mitgenommen?
Nach dem Mittagessen wiederholt sich das Prozedere von gestern.
Heiko (mein Ältester) hat angerufen, es geht ihm gut.

3.11.
Nach dem Frühstück hin zur ersten Gesprächstherapie. Danach gehts mir auch nicht besser. Was verlange ich auch. Eine einfache Patientin bin ich sicher nicht. Meine innere Einstellung der Kur gegenüber ist nicht besonders gut.
Besser hilft mir da die Muckibude. Mal so richtig verausgaben.
Mittags: Pilzragout mit Spätzle
Nach dem Abendessen ist Disco angesagt. Klar, dass ich da war aber tanzen? Geht noch nicht.

4.11.
Hometrainer um 9 : 30Uhr. Dann duschen und zur Visite. Das Gespräch war gut verlaufen, mal ohne Heul-anfälle, ist auch furchtbar! Ich werde mir eine Grübel-Stunde täglich einrichten. Lt. Dr. Schirmer. Vielleicht bekomme ich meine Gedanken besser sortiert.
3X Positiv: gute Stimmung am Tisch, Gespräch mit Doc, lecker gegessen

5.11.
Belastungs- EKG nach dem Frühstück dann Zeit bis 11h. Setze mich ins Foyer.
Abreisetag für einige. Was für eine Unruhe. 41 Abreisende. Umarmungen, drücken, tränen. Was geht da bloß an mir vorbei.
Nach dem Mittagessen, es gab Schweinebraten, war Kreativ-Therapie angeordnet.

Bis dahin war ich der Meinung überhaupt nicht kreativ zu sein.
Mein Linolschnitt war dann doch wie ich denke ganz passabel.
Nach dem Essen freiwillig -MAT-(Muckibude)

6.11.
7:15 Uhr, wieder Fahrrad, puh!
Wir bekommen eine „Neue" an unseren Tisch. Renate, die passt zu uns.
Ihr Mann ist nach einem langjährigen Krebsleiden gestorben. Davor hat sie Ihre Eltern bis zum Ende gepflegt. Jetzt war sie an der Reihe sich Aufpäppeln zu lassen. Mit Ihr nahm unser bis dahin verhaltener Aufenthalt und die Gemeinschaft am Tisch einen positiven Verlauf. Trotz Ihres Schicksals war sie so gut gelaunt. Für mich war sie ein Highlight der Freundschaft.
Spaß haben, den Alltag vergessen, das lebten wir in dieser Zeit.

Ich stieg mal runter von meinem „Beobachtungsposten"
und war glücklich.
Leider bleibt sie nur 3 Wochen. Danach brach unsere Verbindung ab, was ich noch Heute bedaure, aber ich glaube, dass sie einfach nicht wollte. Manches muss man hinter sich lassen. Ich habe danach nie wieder jemanden getroffen mit dem ich so spontan fröhlich sein konnte.
Außer Willi.
Ob sie wohl auch manchmal an diese fantastischen 3 Wochen denkt?

7.11.

Mir geht es schlecht, voll die Depri. Hab mich zum Schwimmen geschleppt. Danach gings etwas besser. Grad noch Frühstück abbekommen. Vom MAT bin ich weggelaufen, Heulattacken

Beim Frühstück hat sich mit dem Nebentisch ein blödes Gespräch entwickelt.

Es bestätigt meine Annahme: Ich bin hier richtig, aber zu viele Andere nicht und ausgerechnet die haben den totalen Überblick. Ich könnte kotzen. Andreas, auch neu am Tisch, ist ein richtiger Klugscheißer. Ich habe gebeten das Gespräch zu beenden. Fertig essen und bloß weg.

Meine Stimmung ist am Boden, ich nehme eine 2. Tablette. Die erste Stunde „Hatha Yoga". Das tut mir richtig gut und ich freue mich auf das nächste Mal.

8.11.

Die Depression hält an, begleitet von Schwindel und Übelkeit. Hab mir den „rosaroten Elefanten" in den Kopf gepackt, es geht mir besser.

Willi kommt nachher. Ich freue mich, immerhin nimmt er 600 km für eine Fahrt in kauf.

Jetzt erst mal Gymnastik dann Frühstück.

Willi ist da und wir machen einen Ausflug nach Einbeck. Es ist kalt und regnerisch. Verliebten macht das nichts aus.

9. 11 und Sonntag

Wir haben in meinem Zimmer ein Zusatzbett gebucht, für eine Übernachtung. Ich glaube, das hat 50 € gekostet mit Essen.

Wir sind gegenüber dem Kurhaus in ein Restaurant zum Brunchen gewesen, das war echt lecker und wir haben noch viel Spaß, obwohl es mir nicht gut geht, hoffe er merkt es nicht. Noch ein Ausflug nach Duderstadt, dann der Abschied.

10.11.
Gespräch mit dem Arzt, weil es mir noch immer nicht gut geht. Vielleicht muss das Medikament getauscht werden oder eine andere Dosis? Ich erfahre nichts!

11.11.
„Niemand kann zurück in die Vergangenheit und neu anfangen
aber jeder kann jetzt beginnen
und ein völlig neues Ende schaffen".

Mittagessen: Kohlroulade mit Kartoffelpattex.
Na,ja. Bin ja nicht wegen des guten Essens hier.

12.11.
So langsam komme ich wohl an. Aber oberflächliche Kontakte will ich nicht.
Gespräch mit Frau Waldsteiner. Die hat es drauf, mich aus der Reserve zu locken.
Muckibude steht auf dem Plan. Kein Bock. Ich habe schon ¾ Std. Wassergymnastik und Rückenschwimmen hinter mir und zweimal die Treppen bis ins Zimmer.

13.11

8:00 Uhr und freiwillig aufs Fahrrad.
Es geht mir super. Keine Gedanken an die Arbeit oder sonstiges zu Hause.
Habe Freude am sticken. Ja, tatsächlich hatte ich mir alles Nötige aus dem Handarbeitsladen im Ort gekauft. Ein Tischläufer für Weihnachten soll es werden.
Termin bei Dr. Berger wegen der Tablettendosis?
Außerdem hat er mir ein Schwindeltraining in der Physiotherapie verordnet.
Vielleicht kann ich dann besser schwindeln? (Hi, Hi)

14.11.

Ab heute eine Tablette mehr.
Beim Frühstück nettes Gespräch mit Hilda.

15.11.

Schon wieder ein Samstag. Vergehen die Tage schon etwas schneller?
Ich gehe in den Ort, habe Lust auf die dortige Sonnenbank zu gehen und werde mir noch ein Stickdeckchen für Weihnachten besorgen.
Außerdem will ich: Die Kinder anrufen, schwimmen gehen, Muckibude, Fahrrad und weiter schreiben!

Sonntag

Heute Morgen zum Schwimmen. Das Solebad hat für mich die allerbeste Temperatur. Den Nachmittag mit Renate und Hilda verbracht. So viel Spaß. Warum nicht öfter.
Am "Schwarzen Brett" die Anmeldung zu einem Schminkkurs. Warum nicht?

Donnerstagabend für eine Führung angemeldet.

17.11.
Was für ein Glück, Ergometer alle besetzt und bis zum Mittagessen nichts zu tun.
Fernsehabend mit "Bauer sucht Frau" Viel gelacht.

18.11.
Über Tag alles gut. Abends wieder leicht depressiv. Ich schlafe schlecht und habe Heimweh. Die Wetterprognose ist mehr als schlecht, wahrscheinlich kann Willi nicht kommen.

19.11.
Heute hat mein Rosa Elefant wieder einen Auftrag, vielleicht habe ich deswegen Kopfschmerzen?

Bergfest

20.11.
Cool-endlich ist Donnerstagabend!
Zusammen mit Hilda und Renate besuchen wir
"Roswitha im Kerzenschein"
Eine Menge über das Altertum hier in Bad Gandersheim erfahren und natürlich hatten wir 3 so richtig unseren Spaß.
Zum Abschluss noch ein Becher Meet.
Alles in allem ein gelungener Winterabend.

21.11.
Zum ersten Mal der Kurs Depressionsbewältigung.
Um 17h war Willi da. War das schön. Hatte doch nicht mehr
damit gerechnet.

Samstag
In Gandersheim war schon der kleine aber doch hübsche
Weihnachtsmarkt aufgebaut, also bummelten wir drüber und
als Abschluss im "Fluxx" gegessen.
Das Wetter wurde immer unbeständiger,
mit Schneefall um 0 Grad.
Der Vernunft geschuldet ist Willi nach dem guten
Heimessen, es gab Roulade, nach Hause gefahren aber
nicht, ohne noch einen Abstecher nach Einbeck zu machen,
denn da gab es eine Commerzbank. Und wir haben es uns
nicht nehmen lassen hinter eine mächtige schwere,
mittelalterliche Tür zu schauen auf der "Öffentliche Toilette"
stand. Wir erwarteten, und waren entsprechend gespannt,
nur einen Donnerbalken vorzufinden.
Es war dann aber doch gewohnt ansprechend.

24.11.
Frau Waldsteiner bringt mich auf einen guten Kurs. Werde
meine Gedanken nochmals neu sortieren.

25.11
Der kleine Teich hinter dem Kurhaus beginnt zuzufrieren.
Hab meine Aufgabe zur Depressionsbewältigung nicht
gemacht, vergessen, Mist!
Ist nicht aufgefallen, konnte ich dann mit der neuen Aufgabe
zusammen erledigen. Nachher ist noch Sinnesfocussierung

dran. Alle Kurse wirklich aufschlussreich, machen nachdenklich.
Aber danach werde ich mir das Mittelalter Kochbuch kaufen.

26.11.
Hilda und Renate sind abgefahren und in mir bleibt ein leeres Gefühl. Vor allem Renate. Ich wünsche so sehr, dass sie mich anruft. Sie haben beide meine Telefonnummer.

Vormittags noch eine Runde Fahrrad, dann Massage "Heiße Rolle" *Werde ich unbedingt in mein Wellness-Programm mit übernehmen. Regt den Stoffwechsel an und entspannt den Nacken wirklich.*
Nachmittag nach der Muckibude ist noch eine Depression-Wohlfühlmassage vorgesehen.

Ist das schön?   War auch schön!

Obwohl mit „ganz Körper" nur ganz Rücken gemeint war.

Die NEUE am Tisch wollte Musik Therapie,
weil wir doch in einer Psycho-Klinik sind - Na, Also!

27.11.
Der Regen hat die weiße Pracht aufgelöst.
Hilda hat mir zum Abschied einen Wichtel geschenkt, den werde ich zu Hause auf unserem Deckenkerzenleuchter platzieren.
Die Ausfahrt zum Weihnachtsmarkt gebucht.
Weiter gestickt und faul gewesen.

28.11.
Die Depressionsbewältigungs-Gruppe bewirkt was.
Zumindest bei mir.
Ich fühle gut, obwohl ich zittrig bin. Da ist wohl der niedrige Blutdruck dran schuld.
Werde mir das Kosmetikangebot vom Solebad gönnen, mit Maniküre, Augenbrauen und Wimpern färben.
Termin am Mittwoch.
Heute steht noch die „Sinnesfocussierung" auf dem Plan.
Warum ich damit nicht so viel anfangen kann, liegt vielleicht daran, dass ich schon länger meine Umwelt wieder wahrnehme?

29.11.
Wieder Wochenende und Schnee fällt
Es schneit ganz stark und sieht wunderschön aus. Nach dem Frühstück raus und durch den Schnee stapfen. In der Kapelle zünde ich mal wieder eine Kerze an, als Dankeschön für mein genesen.
Ich laufe über den Markt, beschaue das rege Treiben rund um die Weihnachtsbuden. Der Weihnachtsbaumverkauf ist auch im Gange und verbreitet einen vertrauten Duft.
Feuerwehrleute bauen die Festbeleuchtung an. Mir wird klar, wo ist das Jahr geblieben?
Gut, dass ich den Spaziergang gemacht habe, denn der Schnee ist zum Abend weggetaut, schade.

Sonntag, 1. Advent
Es geht mir fröhlich. Nach dem Frühstück schminke ich mich ganz sorgfältig. Sehe richtig gut aus.
(Bin überzeugt davon).

Nach dem Mittagessen trete ich die Busfahrt nach Goslar zum Weihnachtsmarkt an. Leider wie immer zu solchen Anlässen, zu eng, zu viele Menschen, zu wenig Buden.

Was ist Weihnachtsmarkt?
Viel zu eng zusammengestellte Buden, die wunderschön dekoriert und beleuchtet werden. Dazu mächtige Weihnachtsbäume mit Lichterketten behangen.
Die Buden dienen dem Zweck unsere drei Kulturen zufriedenzustellen.

1. Freßkultur
2. Saufkultur
3. Kitschkultur

Ohne Beleuchtung mit einer überdimensionalen Weinrebe könnte man ein Weinfest draus machen. Oder wir tauschen den Weihnachtsbaum gegen einen Osterhasen. Dann wäre es ein schönes Osterfest.
Dann gibt es noch die Kulturwochen, Straßenfeste und Stadtfeste. Die Buden könnten das ganze Jahr genutzt werden, wie viel einfacher könnte das Leben sein.
Sch…...ich werde zynisch!

Früher sind wir mit den Kindern, damit die den Glimmer erleben konnten. Weihnachtsmänner verteilten Schokolade. Märchen geschmückte Straßen und Schaufenster. Man blieb stehen, die Kinder schauten verzückt, wir ließen uns Zeit. Heute drängeln wir uns nur noch an den paar Buden vorbei.

Vor mir ein Papa mit seinem Kleinen auf der Schulter, aber Achtung!! Die Buden sind niedrig.

Ich glaube, es geht mir tatsächlich besser.

1.12.

Ich bin mal wieder „unten". Ein Rückfall! Ich stehe nicht auf und gehe nicht frühstücken. Termin bei Frau Waldsteiner, sie meint, dass es nicht schlimm ist.
Wir sind übereingekommen, dass ich mir keine Zukunftsängste einreden soll.
Ich soll mir vorstellen was in einer schlimmen Situation, als Endergebnis passieren könnte.
Wahrscheinlich hat sie recht.

Meine „Neuen" Tischnachbarinnen siezen mich noch immer.
Sie sind überhaupt sehr arrogant, aber können sich angeregt 1/2 Stunde über Wäschetrockner unterhalten.
Aus der Nummer bin ich raus.
Beatrix hat eingesehen, dass es nicht gut tut, fast jeden Abend einen trinken zu gehen.

2.12.

6 Uhr Blutabnahme. Sau-schlecht geschlafen. Willi ist krank und es bedrückt mich nicht bei ihm sein zu können.
Die Gruppe „Depressionsbewältigung" macht mich nachdenklich, zum Positiven. Ich werde daran arbeiten müssen.

Die Gruppe Sinnesfocussierung fange ich an zu verstehen. Gegenüber der Beatrix saß eine Mitpatientin, die das auch nicht verstand. Beatrix, von Beruf Krankenschwester, gab gewissenhaft Auskunft: „Ist was für den Kindergarten." Vom Betreuer gehört kam prompt die Antwort: „Nein ! Kinder können das noch allein!"

3.12
Ein Genuss die Massage, ich bin aber auch verspannt. Nach dem Mittagessen steht der Kosmetik-Termin an. Ich freue mich.
Lustig war das die Kosmetikerin meine Nägel genauso schief feilte wie ich es bei mir hinkriege.

4.12.
Herr Schirmer von der Sozialberatung hat mir geraten mich nicht mit meinem Ex-Mann in Verbindung zu setzen. Auch er gab mir den Rat, mir einfach vorzustellen was als schlimmstes aus der Situation wachsen könne. Selbst, wenn es um die ARGE geht. Es funktioniert wirklich, auf einmal ist es nicht mehr so schwarz um mich herum.

5.12.
Die Depri-Gruppe hilft! Unter anderem haben wir meine Schuldgefühle auseinander gepflückt.
Die Quint Essenz: Ich habe meine Fehler nicht bewusst gemacht, also brauche ich mich nicht schuldig zu fühlen.

Invasion beim Yoga. Es waren nicht genug Matten für über 30 Leute vorhanden, da habe ich die Kurve gekratzt. Zu viele Menschen auf dem Haufen sind noch immer ein Problem.

6.12.
Die Veränderung in mir wird spürbar. Nachdem ich ausgeschlafen habe, trinke ich erst mal meinen Zimmerkaffee. Dann gehe ich rüber zum Solebad und genieße. Inzwischen kann ich bestens Rückenschwimmen.

7.12. Sonntag 2. Advent
Heute zum Wiegen. Mein BMI 26.5! Ausgezeichnet sagt die Schwester, meine Hose sagt etwas anderes.
Zum Kaffee wurde eine kleine Adventsfeier organisiert, wunderhübsch gemacht, hat mir gefallen.
Mitgesungen habe ich auch.
Ich habe mich aufgerafft und bin noch zum Weihnachtsmarkt geschlendert. Ich glaub, die gesamte Gandersheimer Bevölkerung war dort und die meisten natürlich am Glühweinstand.
Eine Bratwurst mit Pommes, aber den Glühwein verkneife ich mir.
Abendbrot lasse ich mal ausfallen.

8.12.
Arzttermin zum Abschlussgespräch.
Meine gestickte Decke schaffe ich noch.

9.12.
Zum letzten Mal die Depri-Gruppe. Schade, Frau Pfeiffer ist krank und ihre Vertretung ist nicht der perfekte Anschluss. Letztes Gespräch mit Frau Waldsteiner, der ich sehr viel verdanke, was ich ihr natürlich sagte.

Noch zwei Fragebögen - das war's!

6 Wochen und morgen geht es nach Hause.
Allerdings viel gesünder, wenn auch nicht geheilt.
Aber ist eine schwere Depression wirklich komplett heilbar?
Ich glaube nicht.
Ich habe aber gelernt meinen Körper mitsamt seinen Macken zu akzeptieren, und denke, dass das am wichtigsten ist.

Noch eines zu Schluss.

Sprechen Sie offen über Depressionen

Jeden können Schicksalsschläge treffen, jeder kann einmal in ein emotionales Loch fallen. Doch nicht nur äußere Umstände lösen eine Depression aus. Die Krankheit kann auch genetisch bedingt sein. Obwohl viele Menschen in Deutschland daran leiden, sind Depressionen in der Öffentlichkeit leider noch immer ein Tabu-Thema. Wir verstecken unseren wahren seelischen Zustand in der falschen Annahme, nicht darüber reden zu dürfen. Bloß keine Schwäche zeigen! Dies ist eine zerstörerische Einstellung, die dazu führt, dass sich zu wenige Menschen die Hilfe suchen, die sie so dringend benötigen.

Der Anstoß zur Veränderung

Ich hoffe sehr, dass Sie Ihren persönlichen Nutzen aus diesem Buch ziehen können. Manchmal bedarf es nur kleiner Anstöße, um im eigenen Leben etwas zu verändern. Manchmal kostet es aber auch Überwindung, sich Hilfe zu suchen. Auch ich habe lange, ja viel zu lange gezögert. Ich habe mich vor der Meinung der anderen gefürchtet, wenn ich über meine Probleme spreche oder wenn herauskommt, dass ich mir Hilfe gesucht habe. Aber diese Sorgen waren völlig unbegründet. Lassen Sie die Leute reden. Je offener Sie mit Ihren Problemen und Ihrer Situation umgehen, umso schneller wird es Ihnen besser gehen.

Über die Autorin

Ich bin Hildegard Brüssow, geboren 1952 in Hamburg-Altona. Heute lebe ich in Elmshorn, Schleswig-Holstein. Ich bin glücklich verheiratet und teile das Hobby Wohnmobil fahren mit meinem Mann. Zur Autorin wurde ich eher zufällig. Ich bin im Gesundheitssektor bewandert und wurde schon in jungen Jahren als Kräuterhexe betitelt. Natürlich, rein wissenschaftliche, sachliche Beiträge sehen sicher anders aus. Doch ich schreibe so, wie ich die Dinge erlebt habe. Mein Herz schlägt jedoch auch für Kurzgeschichten über Alltagssituationen. Kurzum: Über alles, was zum Leben dazugehört. Im Laufe meines Lebens habe ich sehr viel lernen und viele Erfahrungen sammeln dürfen. Diese möchte ich gerne an andere weitergeben.

Weitere Bücher von mir sind:

Demenz aus der Sicht einer Betreuerin ISBN 9 783749 481644
Leckeres aus dem Klütengymnasium   ISBN 9 783746031545
Schön ist Zeitlos   ISBN 9 783751983327
Wenn der Doc nicht weiterweiß ISBN 9 783748 168850

Für Campingfreunde:
Mein Häuschen muss mit – Logbuch für Camper